U0920670

人文集美

华侨文化情

厦门市集美区文化和旅游局 编

厦门大学出版社
XIAMEN UNIVERSITY PRESS
国家一级出版社
全国百佳图书出版单位

人文集美
华侨文化情

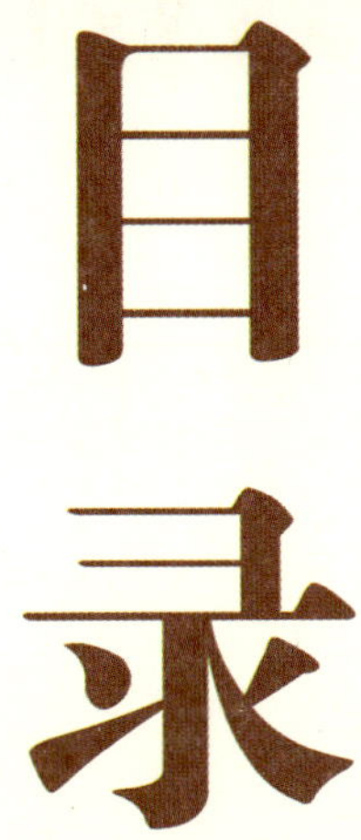

长期以来，一代又一代海外侨胞，秉承中华民族优秀传统，不忘祖国，不忘祖籍，不忘身上流淌的中华民族血液，热情支持中国革命、建设、改革事业，为中华民族发展壮大、促进祖国和平统一大业、增进中国人民同各国人民的友好合作做出了重要贡献。祖国人民将永远铭记广大海外侨胞的功绩。

团结统一的中华民族是海内外儿女共同的根，博大精深的中华文化是海内外中华儿女共同的魂，实现中华民族伟大复兴是海内外中华儿女共同的梦。共同的根让我们情深意长，共同的魂让我们心心相印，共同的梦让我们同心同德，我们一定能够共同书写中华民族发展的时代新篇章。

习近平

2014年6月6日，在会见第七届世界华侨华人社团联谊大会代表时的讲话。

第一章　华侨文化与集美

合貓里海中小國也土瘠多山山外大海饒魚蟲人知耕稼永樂三年九月遣使附爪哇使臣朝貢其國又名貓里務近呂宋商舶往來漸成富壤華人入其國不敢欺陵市法最平故華人爲之語曰若要富須往貓里務有網巾礁老者最兇悍海上行劫舟若飄風遇之無免者然特惡商舶不至其地偶有至者待之甚善貓里務後遭寇掠人多死傷地亦貧困商人慮爲礁老所劫鮮有赴者

美洛居俗訛爲米六合居東海中頗稱饒富酋出威儀甚備所部合掌伏道旁男子削髮女椎結地有香山雨

图 1-1　中国人移居海外的历史至少可追溯到唐宋时期，而在明清两代有了很大发展。图为《明史》中关于移居海外的记载（左）和中国古代远渡重洋的帆船（右）

华侨是一部中国人与海的传奇。

在地球上，有海水的地方就有华人，有华人的地方就有中国文化，有中国文化的地方就有一颗中国心。

显然，当人们津津乐道于当今世界经济格局与“一带一路”国家战略时，华侨，成为一个永远绕不过去的话题。

华侨，这个称呼本身就是一种文化发明，望文生义，就是中国人乔迁。那么无论他到了哪里，主语都还是中国人，天然就有一颗“中国心”。

一个人走出去了，他还回想着家人的叮咛；

一家人走出去了，他们还在沉醉对故地的记忆，梦里大口呼吸着乡土的气息；

即便生于他乡，他们还为乡音所萦绕，为根脉所日夜相牵。

他们是一群人，一群背井离乡却始终不忘故国的游子，身与心有时会分开，为了生计与开拓，身在异地，却心存故地；

有时又身心合体而归，只因祖国一声轻唤或呐喊。

他们是华侨，生生世世的中华儿女，缔造出“爱国、奋斗、贡献、纽带”的华侨文化。

华侨带给故里的绝不仅仅是物质，更是一种精神。华侨文化的进步性也就深深影响并促进了祖国故土的发展。

侨乡福建的精神文明建设就与华侨文化息息相关，2011 年，福建省第九次党代会上提出了“福建精神”：爱国爱乡、海纳百川、乐善好施、敢拼会赢。这不仅是福建人民的可贵精神，也同属于广大福建华侨。

图 1-2　陈嘉庚与毛泽东主席在一起

華僑旗幟

陳

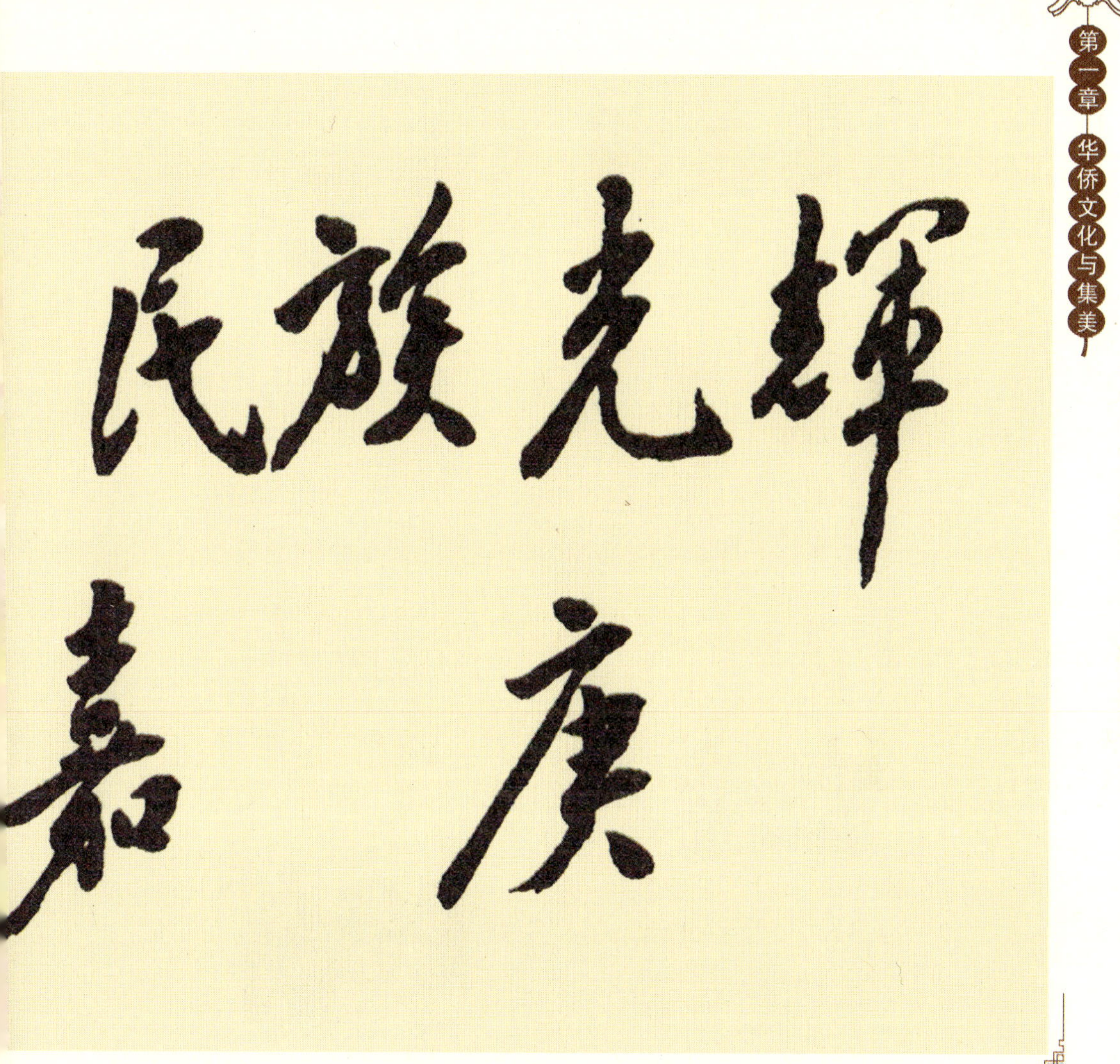

图 1-3　毛泽东赞誉陈嘉庚先生为“华侨旗帜 民族光辉”，1984 年邓小平为之题写

集美报

JI MEI BAO

厦新出（96）内部资料第46号

1997年3月15日 （试刊） 第1期 总第1期

集美报编辑部

发刊词

期待许久，筹谋多时的《集美报》，在春暖花开时节与读者们见面了。

这是本报编辑部同仁向全区人民献上的一份春天的礼物。

《集美报》是区委、区政府创办的一张小报，没有大报的架势、气派和雍容。它短小而充实，精悍而深厚，能及时给人丰富的信息、翔实的报道，让人们从中获得理性的启迪，真情的感受和思想的升华，充分显示它"组织、鼓舞、激励、批判、推动"的作用，它不失为报春花、出征锣鼓和号角。

灿烂的报春花，如跳动的火焰，传递着春的讯息，营造着浓浓的春意，把集美大地装扮得万紫千红，多姿多彩。

随着声声铿锵的锣鼓和阵阵高昂的号角，时代在召唤和催促人们义无反顾地踏上台商投资区再创辉煌的第二次创业的征程。

《集美报》犹如呱呱落地的婴儿，破土露尖的幼苗，需要呵护、哺育、阳光、雨露。

我们恳切希望广大读者和朋友的理解和支持，共同把《集美报》办好。

大手笔 大项目 大投资
我区新年招商引资实现"开门红"

本报讯 日前，总投资3500万美元的德国大型投资项目——林德气体有限公司利用土地合同在我区北部工业区正式签约，它标志着我区新年利用外资实现"开门红"。

经过4年多的开发，我区北部工业新区基础设施基本完善，近百家外资企业在这里落户。去年开始，区委区政府把招商引资转移到大项目、大企业、大财团上来，把单一依靠政策优惠转移到发挥整体优势上来。去年初，德国跨国公司——林德（集团）准备投资厦门，创办林德气体(厦门)有限公司，区委、区政府主要领导亲自出马，在市有关部门的支持下与德方进行了广泛的接触和洽谈，并举办投资区介绍会，邀请德方实地考察，解答客商的提问，经多方努力双方达成协议，于去年九月八日举行草签和奠基。为了加速履约、到资、开工，区土地、建委、规划、环保、外经等部门通力协作，为德方办好了利用土地合同。今年1月28日，德国林德气体（厦门）有限公司正式在北部工业区签约，德方总经理孔·纳德先生对记者说，一期工业厂房马上就要动工，大型设备已经在途中，今年下半年我们就要在集美生产出气体来。 （本报记者）

区七届人大四次会议举行

本报讯（记者） 2月16日至19日，我区七届人大第四次会议举行。会议听取和审议通过了区政府工作报告、1996年财政预算执行情况和1997年财政预算（草案）的报告、区人大常委会工作报告、区法院和检察院工作报告，并增选陈水令为区人大常委会副主任。

去年是我区实施"九五"计划的开局、起步年，区人大围绕改革和建设的重点，依法行使好监督权和决定权，加强对政府宏观决策的审议与监督，加强对人民群众关心的"热点"问题的检查监督，使严打、北部工业区开发、农村初级卫生保健、为民办实事等工作都得到较好完成。在办理代表议案和建议、批评、意见方面，去年20件已基本办理完毕。与此同时，区人大重视做好来信来访工作，对反映的问题加大督办力度，维护群众合法权益。他们还坚持每月份走访代表制度，邀请部分代表列席有关会议等，让代表了解区情，使代表做到知情知政。区人大常委会认真履行宪法和法律赋予的职权，精心组织领导，依法做好镇级换届选举工作，新选出的镇人大、镇政府班子成员的政治文化素质普遍有了较大的提高，加强了基层政权建设。

区政协三届四次会议召开

本报讯（记者） 2月16日至18日，政协集美区第三届委员会第四次会议召开，会议审议通过了政协常委会工作报告和提案工作报告，并列席听取了区政府工作报告和区财政预决算报告，委员们对我区的各项工作进行热烈讨论，积极献计献策。

一年来，区政协坚持以经济建设为中心、以民主团结为主题，选准角度，发挥优势，切实履行政协职能，各项工作取得新进展。首先是围绕经济建设中心，推进政治协商、民主监督步入规范化、制度化的轨道，去年共组织11次视察活动，为委员开阔眼界，体察民情，参政议政创造条件，所提出的调研意见和建议也得到区政府及有关部门的重视和采纳。其次是加强提案和信息工作，积极反映社情民意，去年共收到提案63件，立案61件，提案办复率为100%，采纳率75%。第三是发挥政协人士的优势，积极组织委员为民办实事，如科技界委员下乡开展科技咨询，医务界委员送医送药下乡，政协机关委员深入挂钩村镇等。区政协还抓住各种有利时机，发动做好"三胞"联谊工作，发挥政协委员作用，加强与党派、团体的联系合作。

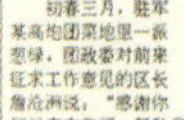

智力拥军构筑新长城
我区荣获全省双拥模范区称号

初春三月，驻军某高炮团菜地里一派葱绿，团政委对前来征求工作意见的区长詹沧洲说："感谢你们派来农艺师，帮助我们部队种出这么好的菜。"

早在五十年代末，我区（原郊区）就涌现了象何厝、黄厝那样一批"战斗的乡村、英雄的人民"，成为一代拥军典范。进入新时期，我区针对双拥工作新特点，从智力拥军入手，努力提高双拥共建活动的层次。

驻地某集团军需要培训大批基层财务干部，集美大学财经学院得知后，派出教授、讲师上门，把学校办到部队家门口，先后开办了电脑、财务会计、经济管理等专业，同时在学院里专门为部队和随军家属开办财会专业培训班；驻军某高炮团、航天测控站、司训大队等蔬菜生产一直搞不好，区委、区政府专门拨出10多万元专款为部队设立菜篮子基金，区农业科技部门派出高级农艺师，上门为部队辅导科学种菜，使这些部队农副业生产上了新台阶。几年来，我区各部门还为部队设立"双拥书库"，帮助部队解决子女就读难、转业干部安置难，新区吃水难等问题。春节前夕，区委、区政府领导走访各部队，集团军政委张立志少将这样说，"远亲不如近邻，我们和集美区最近，关系也最好。" （王文津）

"好大的萝卜！"2月上旬，区长詹沧洲（左一）来到驻军某部菜篮子基地，了解早春农副业生产情况。

新春一开始，区长詹沧洲向外商们郑重承诺——
外资企业有权自主选择施工单位

日前，在北部新区外资企业座谈会上，一些外商谈到，有些当地村民抢买抢卖地材，有些政府官员插手介绍工程，弄得他们左右为难。区长詹沧洲、副区长叶勇义当场解答并郑重承诺，每个企业有权自主选择施工单位，如有发现政府官员带建筑队上门介绍工程，请你们直接向我们举报。

1992年经国务院批准设立的集美台商投资区，经过4年多的开发建设，北部工业新区已成为外商投资的热点，据了解，目前获准在北区开工的三资企业有30多家开业，40多家正在着手工业厂房的施工建设，然而由于北部新区开发起步晚，在投资环境、基础设施、社会治安等方面仍然存在一些薄弱环节。1993年开始，区委、区政府就将北部新区作为社会治安综合治理的重点来抓，今年一开始，又专门设立了北部新区管委会，全权负责整个开发区的开发建设事宜，努力克服办事拖拉、推诿等现象。

区长詹沧洲在认真听取外资企业的批评意见后，表示政府有能力解决问题，并欢迎更多的外商到集美来投资兴业。 （本报记者）

导读 本报在第三版连载纪实文学《来自高墙电网内的报告》，欢迎阅读。

把纳税意识变为纳税行动，区五套班子领导带头申报、交纳个人所得税。

图为区委书记李炳章（左一）和副书记吕继成（左二）在纳税。 （本报记者 摄）

图 1-4 1997年3月15日《集美报》创刊

对“福建精神”深入解读就可以发现：“爱国爱乡”可指华侨对祖国、对家乡具有深厚的感情并乐于为之奉献的崇高情怀；“海纳百川”可指华侨具有开放包容、兼收并蓄的宽广胸襟；“乐善好施”可指华侨具有舍得给予、乐于助人的高尚情操；“敢拼会赢”可指华侨敢冒风险、勇为人先的进取精神和自强个性。

华侨文化，是中华文化不可分割的一部分，文化不因距离而陌生，反而可以拉近距离，甚至消除距离的界限。陈嘉庚在 1933 年 8 月 14 日的《南洋日报》上有一段话颇显广大华侨心声：“然吾民族赖以维系不堕者，统一之文化耳。”斯人已逝，言犹在耳。

“华侨”一词诞生于十九世纪晚叶，由清末黄遵宪首次提出。但华侨的历史却是源远流长，已经数千年岁月孕育与发展。遍布世界的“唐人街”中“唐人”一词应用广泛，一是说明中国人出洋历史久远，再者昭明中国人的故国情怀。冠以朝代名称的还有秦人、汉人、宋人、明人……之说；后来又冠以民族或身份，有华人、华民、华商、华工……之称。

没有哪一个国家的侨民，能有华侨对于祖国的强烈归属感。二战期间，日本在美侨民虽被囚禁，还争取组成日本军团为美作战，以表效忠美国之心；而同时期的华侨，却给予祖国抗战极大的支持。时至21世纪，每当我国遭受他国的不公正对待，一定会有华侨站出来大声说“不”。

2008年北京奥运圣火传递到美国时，数十万华侨、华人自发走向街头，高唱国歌。每当想起这个护卫圣火的场面，就不禁让人热血激昂。

早期华侨出国谋生皆为生计所迫，国弱民贫，在外多被轻视，故而起步之路血泪斑斑、艰辛异常。而如今，祖国已国富民强，有了坚强后盾的华人华侨在国外境遇已大为不同，但仍然不变的是炽热的中国心和开拓进取的拼搏精神。

华侨所占比例以沿海尤甚，这是讨海方式的延伸。

集美，中国著名的侨乡，就连《集美报》都被称为“侨乡报”，集美也是国内侨校、侨生最多的城区。全国有五千万华侨，而福建就占据 1088 万，遍布 179 个国家和地区。据不完全统计，集美旅居海外的侨胞达六万多人，归侨、侨眷近两万人。

他们的脸孔，没有随波逐流；他们无论生活在何处，根，都在集美。

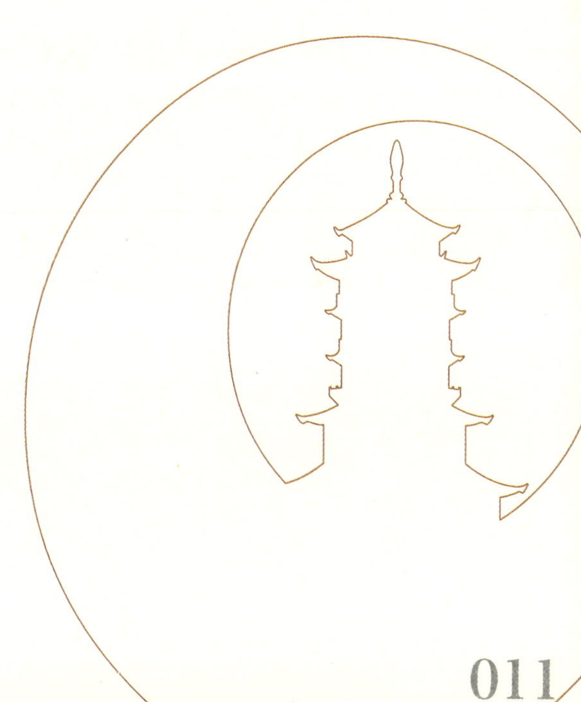

一、集美华侨文化的形成

集美的华侨文化，是漂洋出海、侨居异地的华人华侨将闽南文化与侨居地文化融合的产物。

华侨借助探亲、书信，与集美保持联系；有的回家乡兴办实业、教育、医院及其他福利慈善事业，影响或改变集美的人文景观和社会结构，同时也将闽南文化传播到侨居地。

集美华侨文化的另一来由，是众多的留学生、进修生和归侨

常年聚集集美，使异国文化融入了当地文化。

集美位于中国海洋文化“新月地带”的几何中心，面向台湾海峡、面向太平洋，从杏林湾和马銮湾出海，都可以直通外洋。

从自然地理的角度看，夏季，受西南季风影响，船只沿海峡东侧可驶入东海，进入太平洋；冬季，受东北季风的影响，船只又可驶向南海、印度洋沿岸。后者路线更短，也更易于抵达，故而，“下南洋”成为集美人远赴重洋的首选。

“下南洋”是近代福建、广东一带居民掀起的一场浩浩荡荡的移民运动，从清朝到民国，出现了三次大规模的海外移民高潮，数以百万的中国移民涌向东南亚诸国。他们为当地输入大量华人劳动力的同时，也带去了华夏文化，形成了影响深远的华人社会。

最早移居海外的集美人，迄今有文字可考者，是元末明初新垵（现属集美杏林）人丘毛德，也是厦门地区最早者。至明末，已

图 1–5 下南洋的闽南人

有一定数量的集美乡亲扬帆搭船远渡南洋。清朝初年，朝廷为了隔绝沿海居民与割据厦门、金门的郑氏武装取得联系和补给，强行推行迁界政策，一些失去家园的集美人被迫背井离乡，远赴南洋谋生。康熙二十二年（1683 年），清朝统一台湾，取消禁海令，厦门的海上贸易呈现繁盛景象。随着海路畅通，形成集美人第一波向海外移民的高潮。

咸丰同治年间，由于废除黑奴运动兴起，西方殖民者转而向东方索取廉价劳动力，掠卖华工之风达到高峰，西方人贩子经常组织不法之徒到集美沿海拐骗人口。小刀会残部南下和华工被掠卖到海外，形成了集美人第二波向海外移民的高潮。

十九世纪末，美洲的劳动力市场逐渐饱和，美国政府开始驱逐华人，掠卖华工的罪恶活动在中国政府和人民的抗议之下，也逐渐收敛。此时正逢东南亚地区快速开发，需要大量劳动力，而国内局势动荡，于是，华人远渡海外，多选择前往南洋。特别是 1914 年 6 月 30 日，马来亚废除契约华工制，前往东南亚的闽南人数量急剧上升，形成第三波集美人向海外移民的高潮。

随着移民大规模向海外迁移，中华文化传播到异域，在侨居地形成“以中国为认同取向、以儒家思想为价值体系核心，兼容吸收异域文化”的华侨文化，这其中就包括了堪称典范的集美华侨文化。

文化，因交流融合而永恒灿烂。

集美的华侨文化，从宏观来看，是闽南文化的母体中，由于侨居异地而衍生出衣食住行、建筑样式、民俗信仰等新的载体。

从微观来看，集美华侨文化因为陈嘉庚而更显独特。百年以来，诸多海内外的集美华侨在陈嘉庚等人的带领下，与祖国同呼吸、共命运。今天的集美，华侨文化融进了城市文化，嘉庚建筑、侨房侨居，与寻宗祭祖、嘉庚论坛、集美龙舟赛等活动相互融合，形成了一方华侨文化的独特风景线。

2005年集美区侨情调查情况表

国家	华侨	华人	归侨	侨眷	国家	华侨	华人	归侨	侨眷
缅甸	516	8602	415	7224	菲律宾	291	4370	155	1213
新加坡	501	10208	127	4615	美国	118	4891	2	173
马来西亚	601	9286	329	5594	丹麦	6	220	—	20
印度尼西亚	527	6344	288	1736	德国	32	391	—	44
越南	98	2426	236	415	南非	2	2	—	3
瑞士	28	254	—	—	希腊	4	116	—	—
孟加拉国	4	3	—	—	比利时	—	11	2	—
加拿大	80	1294	—	—	荷兰	1	57	—	11
澳大利亚	30	617	—	14	毛里求斯	—	100	—	6
泰国	118	5220	57	256	匈牙利	8	58	—	—
英国	35	580	—	4	印度	14	214	—	—
日本	60	1656	—	5	朝鲜	—	—	3	2
柬埔寨	—	576	38	13	西班牙	—	15	1	1
新西兰	10	226	—	—	合计	3104	58207	1655	21354
法国	20	466	2	4					

图 1-6　2005 年集美区侨情调查情况表

早期集美人漂泊海外谋生，大多从苦力、学徒做起，历经艰辛，节衣缩食，稍有积蓄即经营小本生意，积累成本后，有的购地开垦，种植橡胶、甘蔗、椰子、菠萝等热带作物，逐渐发展成为集种植、加工、运输、销售、出口为一体的规模经营。杰出者成为当地商界巨子。他们的祖籍分布在集美各个街道，他们与故乡血脉相连，成为集美的骄傲。其中涌现出华侨领袖陈嘉庚，以及杜文艮、曾广庇、郑螺生、张永福、陈水成、陈文确、陈六使、苏知觉、陈德润、陈赐曲、李典谟、陈永和、陈永进、孙炳炎等一大批为民族独立、国家富强、社会进步做出卓越贡献的著名华侨。

《番客歌》唱道：

番客有支歌，
番邦趁食无投活（闽南语，意为“出国谋生无可奈何”）；
为着生活才外出，
离父母，离某（妻）子。
三年五年返一摆（次），

做牛做马受拖磨；
想着某（妻）子一大拖，
勤俭用，
不敢乱子花（闽南语，意为“不敢随便使用”）。

这首反映华侨、侨眷生活状况的民歌，写得很逼真、很生动，符合华侨、侨眷的生活状况，很受侨乡人民的欢迎，甚至流传到海外，至今还在海内外传唱。

有家有乡念家乡，家乡的侨眷们又何尝不是日夜念着亲人的归期。集美校友黄永玉曾用一段感人至深的话语述说侨眷女子的不易：

旧时代闽南的妇女伟大之极，她们的意志的坚韧真是世纪绝响。她们长年迎染过海风的肤色、眉毛、眼睛、身材、穿着的一切美丽……也是世纪的绝响。你怀疑我是不是在讨她们的好？是的，惟愿她们能看到我的赞美。你知不知道？闽南的妇女是怎样杀出那苛难的深渊的？她们跟男人一样的劳动，挑担子，开山，敲石头，出海，甚至做轿夫抬轿……结了婚，丈夫远渡南洋谋生创业，她们在家乡苦守等待，十年、二十年、三十年……数不尽白发的期盼。

月是故乡明，终觉集美好。岁月如歌，侨乡游子换新曲。一首由苏艳琦作词、林茂荣作曲的《千里万里也要回》正唱出集美华侨今日之心声：

闽海之滨集美乡，是我生长的地方。龙舟池畔微风吹，百舸争流战鼓擂。南薰靓影映池水，书声琅琅惹人醉。百年学村，人文荟萃，嘉庚之星永放光辉。啊！集美，啊！集美，怎能把你来忘怀，来忘怀，千里万里千里万里也

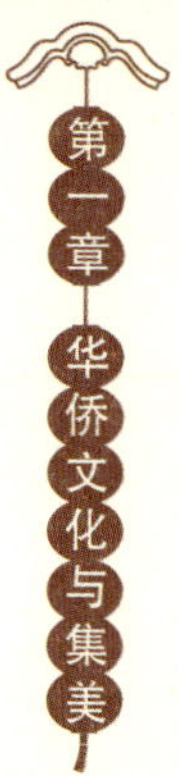

要回！千里万里千里万里也要回，也要回！

闽海之滨集美乡，是我生长的地方。杏林湾漾碧水，白鹭展翅翩翩飞。园博苑风姿美，百花园里添韵味。放眼新城，大展宏图，人文集美在腾飞。啊！集美，啊！集美，怎能把你来忘怀，来忘怀，千里万里千里万里也要回！千里万里千里万里也要回，也要回！

二、集美华侨文化的特质

华侨是中华民族在海外的一个支脉，具有眼界开阔、爱国爱乡的特性，也富有拼搏进取、开拓创新的精神。

在中国文化版图上，华侨文化又是一种独特形态，它形成于异国他乡，反哺于祖国家乡，体现出敢为人先、爱国爱乡、团结奉献、追求民主富强的文化特质，同时，华侨反哺家乡，也是输入异质文化的过程。

集美，汇集天下之美的最美侨乡，也是最有文化的侨乡，系中国侨联首届主席陈嘉庚先生的故乡，因其华侨人数众多且占比大、赴海外时间早且历史长、华侨与故土感情深且交流广，而成为华侨文化的代表。

1. 扶助民生，回馈社会

> 原夫爱国莫先于爱家，爱家则教育尚焉，我曾营虽聚处海滨，素多侨商，外洋日与各国交通者，益复不少，有鉴于教育之重大，辛亥之春，由仰组织兴学宗旨，一闻风合族响应，联袂赞成，乐输巨款，计开办费暨基本金达叁万柒千柒百柒拾陆盾，遂成美举，深恐年湮代久，无从观感，迨丙辰仲秋，勒石志盛，俾后之继起者，知族人热心公益，钦仰勿替云。

这是镌刻于集美曾营小学（前身“龙山学校”）的古石碑上

图 1–7　百年前的曾营小学（龙山学堂）

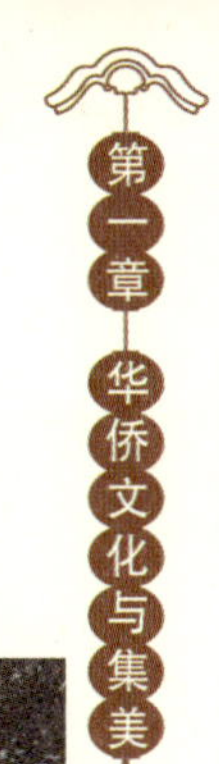

图 1-8　曾营小学旧址

的文字。1911 年，集美旅缅华侨曾广庇、曾上苑在家乡创办龙山学校和龙山二小，并于 1915 年又创办龙山女学。同时期，陈嘉庚也在家乡创办“集美小学校”“集美女子两等小学校”。

此类壮举，乃华侨在国内办学之滥觞。受此影响，郑螺生、周文煌、林顺吉等集美海外华侨纷纷回乡办学。到新中国成立时，集美已有中专、中学、小学和幼儿园 42 所，绝大部分为华侨创办或资助，这在全国都绝无仅有。新中国成立后，依然势头不减。也正是因为华侨兴资办学的传统与带动，时至今日，集美还是世界范围内学校最为集中的地区之一。

教育与医疗，是最大的民生。百年之前，陈嘉庚以一己之力，将这两大民生主题变成百姓受惠的福利。他不仅创办集美学村，而且深知“国家兴衰不仅要依靠教育，与人民的体质也有密切的关系”，于是在福建境内开华侨办医之先河，成立首家侨办医院——集美医院。

图 1-9　集美医院旧址

起初，它只是小小的校医室，却是集美最早的现代医疗机构；不久，便被扩大为医院，当时刚刚落成的集贤楼成为医院独立用房。集美医院也是当时厦门岛外方圆四五十里范围内唯一的医院，不仅接诊治病，还提供接种疫苗等公共卫生服务，引厦门及周边县市前来求诊者络绎不绝。即使是在日寇入侵的战乱时期，集美医院也不忘使命，随校内迁并设立多个分院，应时况所需又主动参与了广大人民群众的预防保健工作。新中国建立后，集美医院迎来大规模扩建，医疗技术与设备也获得大大提升。当时即添置有 X 光机等国际先进设备，其医疗水平在闽南地区始终处于领先地位。在 1957 年的流行性感冒疫情大爆发期间，更是全力施救、控制疫情，确保了整个集美地区没有出现一例死亡病例。即使改革开放后改为市属医院，仍保留侨办性质；在集美学校建校 90 周年之际，又与市第二医院合并，总部仍扎根集美，成为厦门岛外最大的三级甲等综合性医院。

2. 艰苦创业，名扬海外

图 1-10　第二医院

华侨，身上总有着那么一股劲道，经历了困苦、流离、迷茫、抗争、奋斗，终于撞响了命运的晨钟，用智慧、勇气和担当挣脱艰阻，立于何世、何时，都能有一番作为。

集美华侨亦如此。来自海边的子民，有着大海宽广、雄浑的胸怀和惊涛拍岸的大无畏气概，创造了一个个传奇人生。

陈嘉庚、陈六使、陈根本先后成为星（新加坡）、马（马来西亚）的“橡胶大王”；黄仲涵获“印尼糖王”美称；王金生、林振宗、孙炳炎等均成当地商界巨子；张明添创办香港海外信托银行；因曾广庇在缅甸经营碾米业，伊格瓦底江下游及其三角洲一带被称

图 1-11 陈嘉庚 1949 年回国时在轮船上与陈六使合影

图 1-12　怡和轩俱乐部

为“曾营港”，不一而足。集美人在海外获得成功的创业领域过去遍及大米、棉布、丝绸、缎子、鞋类、首饰、家具、烟草、酒类、食品、胡椒、椰油、人参、瓷器、铜器、铁器、漆笼、水银、硫磺、镜、梳、扇、伞等；近代则涉及电器、化工、五金、百货、药品、木材、煤气、饲料、工艺品、建筑材料、汽车零件等行业；成就大者在工业、运输业、种植业、金融业等专有领域或跨领域均有建树。

3. 团结一致，同仇敌忾

华侨注定是一个艰难的群体，祖国遭敌欺凌之痛与侨居地迫害之苦，双重施压于海外游子身上，但他们团结一致，同仇敌忾。

集美华侨就是广大华侨的代表性一员。“怡和轩”，一个百年华侨社团，在它的身上可以一窥集美华侨的“精气神”。这个于 1895 年成立于新加坡的俱乐部，其实名实不符，陈嘉庚曾言：

径启者，南洋千万华侨素以家乡为重，自

图 1-13　陈嘉庚、陈六使倡办的南侨女子中学

> 民国光复后，热心爱国，进步甚快，逢有灾难，悉力救济，不分省界，以国族为前提。七七事变，同仇敌忾，热烈救亡，捐资助饷，数年如一日。惟寄人篱下，限于自由，故不得不借慈善机关、救济会等名词，成立机关，以避阻挠。

“怡和轩”就是借俱乐部之名，行帮扶同胞之实。其中不同阶段的四位集美华侨林推迁、陈嘉庚、陈六使、孙炳炎，领导了其九成以上的时间。“怡和轩”推动、策划了许多对国家、对社会有益的大事，如支持同济医院、善济医社，组织中华总商会，创办学校等等。最重要的，乃是支持孙中山领导的同盟会。特别是抗战时期，正值陈嘉庚任负责人，树立无论籍贯，不分贫富，华侨儿女皆中华民族的超越小团体的大同理念，团结一致，同仇敌忾，全心投入民族和国家的救亡与前途。

4. 牺牲奉献，为国纾难

“华侨是革命之母”，孙中山的言论不但让“华侨”一词广为流行，也一语提升了华侨的政治地位。抗日战争是国与国之间的角力，也是党与党之间的试金石，更是民族力量的爆发，华侨以超乎期许的奉献谱写于风云际会的时代画卷。毛泽东感言：“海外华侨输财助战，一切抗日政党，除了那些反人民分子外，都对战争有所尽力”；朱德也有同感：“华侨中包括着各民族的优秀分子。海外侨胞对祖国抗战建国事业，向来踊跃参加，他们是世界反法西斯的重要力量”；宋庆龄感触尤深：“海外各地的华侨，在其居留地政府统治下，久已深切体会到被压迫民族之待遇与痛苦，所以，更加能够了解祖国之兴衰存亡，关系与华侨之福利更大，俱有国家观念，勇于抗战救国。”

国之侨，民之胞。其时，旅居世界各地的七八百万华侨，无论来自何处，居于何地，均全力以赴，捐资捐物、出人出力，为飞机、汽车、衣物、药品等军需稀缺物全力筹资，一时间兴起“富商巨贾，既不吝金钱，小贩劳工，亦尽倾血汗”的感人风潮。其中，尤以“南侨总会”为显。

南侨，有两个“南”意，一为南下东南亚之“南”意，二为南侨多来自祖国之“南”。他们代表着祖国全体华侨抗战的共同特征：提倡国共合作、共赴国难；自发组织起来、声援祖国；全力输财助战、慷慨解囊；带头抵制日货、经济制裁；力挺维护团结、坚持抗战；共同响应号召、奔赴敌后；出力回乡服务、抢运军需；踊跃投身军旅，血洒疆场。

再会吧，南洋！

图1-14

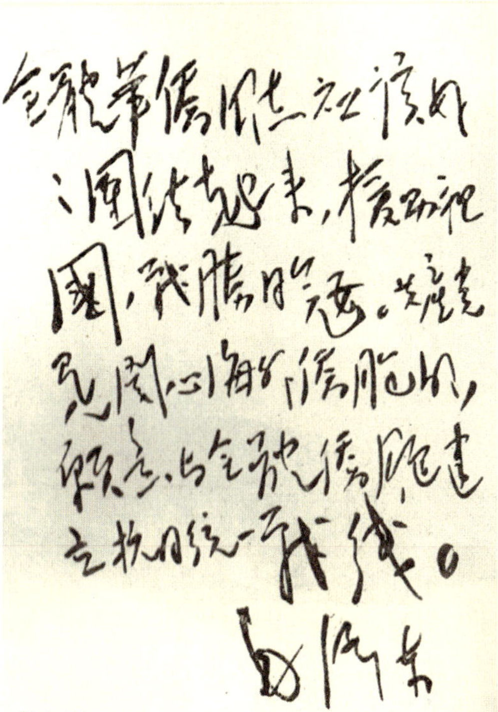

图 1-15

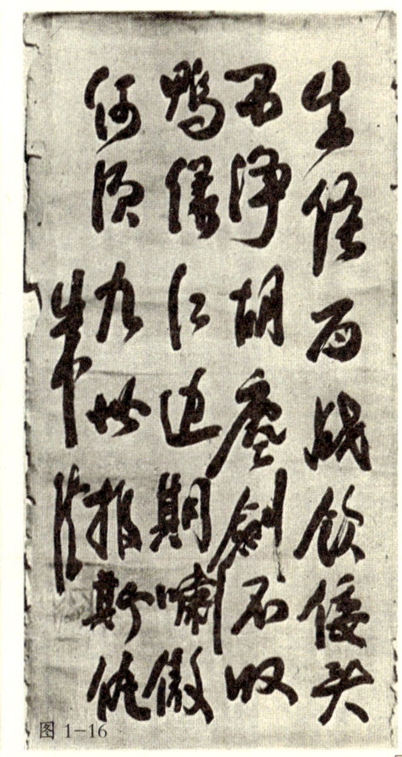

图 1-16

图 1-14　坐落于昆明西山风景区的南洋华侨机工抗日纪念碑
图 1-15　毛泽东为爱国华侨题词（1938 年 3 月）
图 1-16　朱德为华侨题词

图 1-17　南侨总会陈嘉庚率领南洋华侨回国慰劳视察团慰问抗战军民

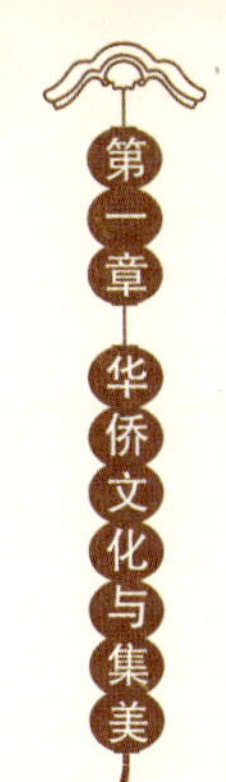

你海波绿，海云长，
你是我们第二的故乡，
我们民族的血汗，
洒遍了这几百个荒凉的岛上。

再会吧，南洋！
你椰子肥，豆蔻香，
你受着自然的丰富的供养，
但在帝国主义的剥削下，
千百万被压迫者都闹着饥荒。

再会吧，南洋！
你不见尸横着长白山，
血流着黑龙江，
这是中华民族的存亡。

再会吧，南洋！
我们要去争取一线光明的希望。

图 1-18

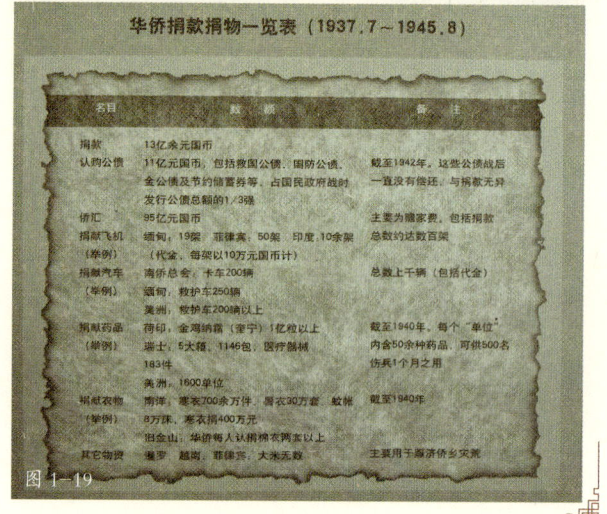

华侨捐款捐物一览表（1937.7～1945.8）

名目	数额	备注
捐款	13亿余元国币	
认购公债	11亿元国币，包括救国公债、国防公债、金公债及节约储蓄券等，占国民政府战时发行公债总额的1/3强	截至1942年，这些公债战后一直没有偿还，与捐款无异
侨汇	95亿元国币	主要为赡家费，包括捐款
捐献飞机（举例）	缅甸：19架　菲律宾：50架　印度：10余架（代金，每架以10万元国币计）	总数约达数百架
捐献汽车（举例）	南侨总会：卡车200辆 缅甸：救护车250辆 美洲：救护车200辆以上	总数上千辆（包括代金）
捐献药品（举例）	荷印：金鸡纳霜（奎宁）1亿粒以上 瑞士：5大箱、1146包，医疗器械183件 美洲：1600单位	截至1940年，每个“单位”内含50余种药品，可供500名伤兵1个月之用
捐献衣物（举例）	南洋：寒衣700余万件，暑衣30万套，蚊帐8万床，寒衣捐400万元 旧金山：华侨每人认捐棉衣两套以上	截至1940年
其它物资	暹罗、越南、菲律宾：大米无数	主要用于赈济侨乡灾荒

图 1-19

图 1-18　“南侨机工”在滇缅公路上

图 1-19　华侨捐款捐物一览表（1937 年 7 月—1945 年 8 月）

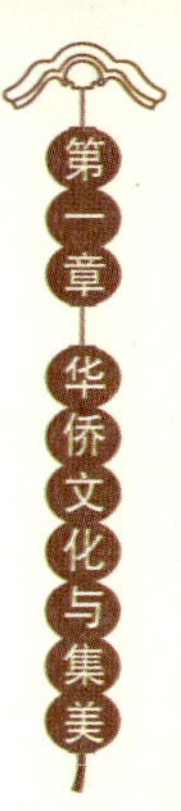

这首由田汉、聂耳共同创作的《告别南洋》歌曲，讴歌了一支特殊的抗日队伍是如何离开东南亚各地，远赴我国西南边陲，浴血奋战在抗日疆场。这支特殊的抗日队伍就是南侨机工，全称南洋华侨机工回国服务团，是抗战时期从南洋各地回国支援抗战的华侨汽车司机与修理技术人员的通称。这些人，是抗战急需又短缺之技术人才。

来自陈嘉庚故里的集美人李荣竹，就是这三千多南侨机工之一员。李荣竹自幼在陈嘉庚创办的集美小学读书，后又在陈嘉庚公司工作，耳濡目染陈嘉庚先生的义举，自是不甘落后，先是积极参加新加坡筹赈会的募捐活动，上街卖花义演，宣传抵制日货，并坚持捐出月薪的10%，集中交南侨筹赈总会汇回祖国，支援抗战；后在抗战最为艰难的岁月，滇缅公路开辟迫切需要驾驶员之际，毅然抛弃海外安逸的生活，奔赴祖国大西南烽火漫天的抗战疆场。

会驾驶、懂机修的李荣竹迅速通过考核，冒着敌机轰炸的危

No. 1003475

外交部 為

姓名 李荣竹
年歲 廿
職業 机工
籍貫 福建
身量
相貌

中華民國 年 月 日

CONSUL FOR CHINA

图 1-20　李荣竹南侨机工证件

险，分秒必争地往返滇缅公路抢运军火。根本顾不上考虑自身性命，也没有间隙缅怀车毁人亡的战友，只能在层峰叠嶂、云雾迷蒙的险要山路上力保军需不误。临时遇陡急弯道就架上渡板，有时后轮几乎悬空飘过。一日至功果桥，目睹日机轮番俯冲轰炸，桥面眼见着就没了，机工们就用汽油桶扎成大浮筏，用钢丝拉连两岸，险保军运大动脉畅通。时光已经远离了战火，但他的功绩不会被遗忘：

> 查本大队第十四补充中队驾驶士李荣竹，品计兼优，服务勤谨，应予发给奖状，以资鼓励！
>
> 此状

5. 文化迁播，认宗中华

集美海外华侨十分重视侨居地华人子女教育，集资开办华文学校，弘扬中华文化。清光绪三十二年（1906 年）始，在陈嘉庚、陈六使等人倡导和支持下，新加坡福建会馆先后创办有道南、爱同、光华、荣福女子、南侨女子小学，南洋华侨中学，水产航海学校，南洋华侨师范学校，南洋大学。仅从学校名称上，就足见创办者对故国家园的深情。这些设于异国他乡的学校，与华侨回乡创办的学校遥相辉映，共同传承着中华儿女的文化精魂。

为了不忘故土，海外游子办报刊、兴新闻，主动与祖国心心相牵。先后创办了《图南日报》《中兴日报》《光华日报》《进化报》《缅甸公报》《南洋商报》《太阳日报》《南侨晚报》《华

图 1-21

图 1-22

图 1-21　孙炳炎捐建的乐安小学
图 1-22　陈六使领衔创办的新加坡南洋大学

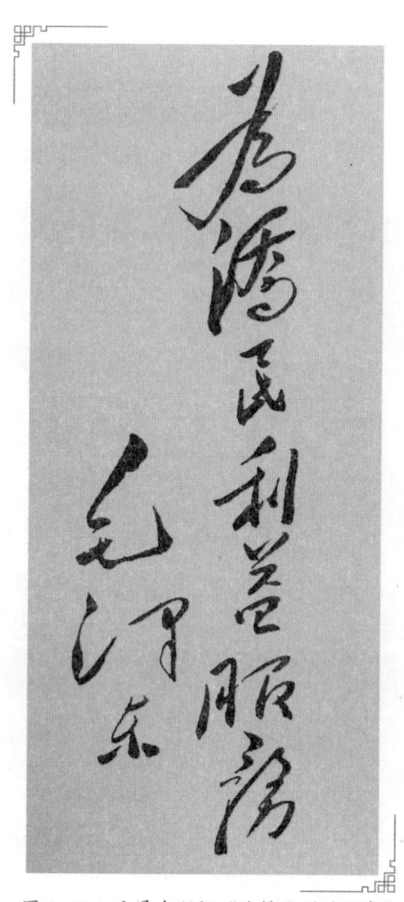

图 1–23　毛泽东题词“为侨民利益服务”

侨日报》《华声日报》等。在《南侨日报》创办三周年之际，毛泽东为该报题词“为侨民利益服务”，周恩来为其题词“为宣扬新民主主义的共同纲领而奋斗，为保卫国外华侨的正当权益而奋斗”。这份荣誉是对华侨在海外办报的最大肯定。

以闽南华侨为华侨代表、以集美华侨为闽南华侨代表，我们足以洞察中国国民的进步性——从血缘、地域集体意识，很快就能上升到国家、民族集体意识，而且始终呈现一种主动奉献的积极态度。

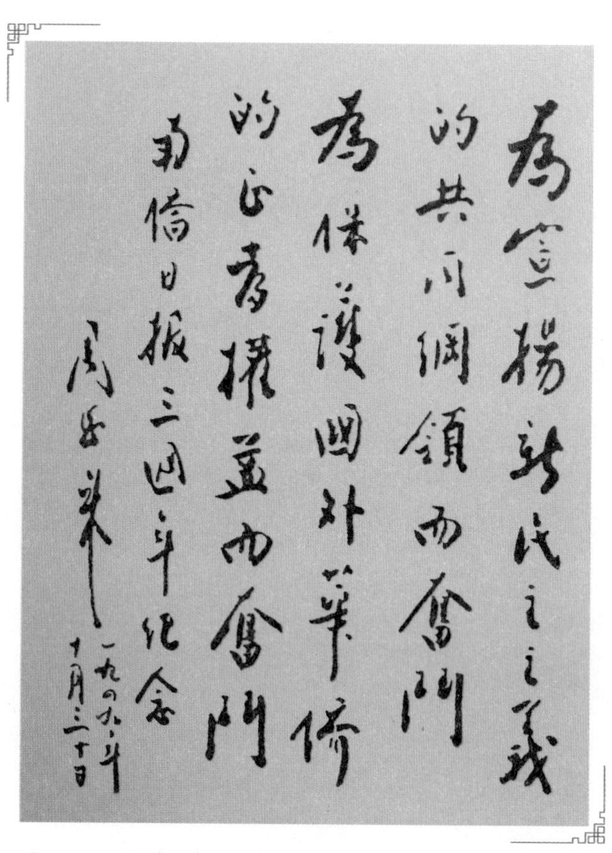

图 1-24　周恩来题词“为宣扬新民主主义的共同纲领而奋斗，为保卫国外华侨的正当权益而奋斗”

南洋商報

THE NANYANG SIANG PAU

南洋華僑代表大會開幕典禮昨告成

認組總機關有必要

謂組領導機關後經費全無問題

图 1-25 《南洋商报》报道陈嘉庚在“南洋华侨筹赈祖国难民总会”成立会上的讲话

三、集美华侨群英谱

华侨是中华儿女的优秀一支，其中具体体现者首推陈嘉庚先生，其一人兼具集美华侨文化各优秀品质，引众多集美华侨代代秉承，形成华侨群谱、共济华侨文化。

陈敬贤（1889—1936年）：集美大社人，陈嘉庚先生的胞弟，协助兄长经商办学、造福乡里、支援社会，直至生命的最后一刻。

图 1-26　陈敬贤

陈六使（1897—1972 年）：集美大社人，陈嘉庚宗弟，“星马橡胶大王”、银行家、教育家，创办南洋大学，维护中华文化、发展华人教育，为集美学村多次捐巨款。在陈嘉庚办学经费紧张之时，毅然将部分公司获利全部充为厦集校费，又设立厦门大学基金，并将银行利息作为集美学校基金。仅在 1942 年，就汇款国币 700 万元，以为投资建设及兴教之用；战后，又资助陈嘉庚恢复经营，将各厂收入汇回集美学校；新中国成立后，更是不断捐献巨资。据陈嘉庚秘书张其华回忆，“听校主讲，陈六使是将整本的支票交给他，叫他自己开，要多少开多少”。陈六使与陈嘉庚不图个人名利的高风亮节一脉相承，获“乐育英才”美誉。

陈文确（1886—1966 年）：集美大社人，陈六使胞兄，海外事业成功，时时心系桑梓。1938 年，日寇占领厦门后，陈文确汇巨款救济、安置故乡集美难民的生产、生活。抗战胜利后，又与胞弟陈六使合汇国币一千万元交给集美学村委员会，赈济贫苦村民及资贷发展生产之急需。1946 年，根据陈嘉庚先生创办“同民医院”的倡议，成立“筹建家乡医院委员会”，陈文确任主席，

图 1-27　陈六使

图 1-28　陈文确

图 1-29　陈赐曲

医院于 1947 年建成。1949 年，蒋介石集团的飞机轰炸集美，陈文确派人携款返乡救治伤员、赈修村宅。

王文博：集美后溪人，至新加坡成立建筑公司，事业有成后，回乡资助兴建珩山中学，其后人一直保持捐资家乡兴教传统。

陈赐曲（1901—1988 年）：集美大社人，就学于集美小学，在新加坡事业发展有成，曾捐一万元新加坡币修葺祖祠，并于 1986 年，又捐资十万元港币资助兴建集美托儿所。

陈左衡：集美大社人，为柬埔寨西哈努克亲王的姑父，回集美省亲，看到集美医院没有救护车，立即赠送奥斯汀小汽车，之后每年还赠送家乡生产队几吨化肥用于生产。

孙炳炎：集美后溪人，新加坡建材生意的佼佼者，积极参加陈嘉庚先生领导的南侨筹赈总会工作。在集美创办“同成食品厂”等实业支持家乡建设；还在家乡捐资兴建乐安中学、乐安小学、

乐安幼儿园，以一己之力使孙厝村拥有了从幼儿园、小学到中学的教育体系。1961 年 1 月 30 日，陈嘉庚生平最后一封亲笔署名信就是写给他的：“炳炎先生：近闻先生拟在贵乡添建幼儿园一座，我建议将小学旧校舍改作幼儿园，再将新建小学校舍左右扩建教室各一间，连前后共六间，并将（在）后面接建礼堂一座，大约可容七八百人。估计全部工料费约两万余元。如照此计划进行，不但教学方面，而且发展亦较易。添建礼堂是贵乡群众所要求，因贵乡未有大厦可作开会场所也。”孙炳炎复函照办。此中不仅见陈嘉庚一生心系教育，也见孙炳炎秉承嘉庚精神，为祖国为家乡办教育的殷殷赤子情。

李雅和：集美后溪人，马来西亚政商，被晋封为马来西亚槟州拿督勋衔。先后集资 90 余万元捐建兑山小学。

陈永和：集美大社人，毕业于集美中学，在新加坡开办橡胶厂获得成功。敬仰中国共产党的领导，获得过毛主席、周总理、陈毅元帅等中央领导人接见。先后投资 100 多万美元，支持族侄

图 1-30　孙炳炎

图 1-31　陈永和

陈文峰回乡办厂。陈永和还捐资家乡公益事业，并捐款给集美师专、集美小学和幼儿园。1992 年，捐款 100 万元重建集美礼拜堂。1994 年，又捐资 60 万元，成立基金会，用于集美幼儿园、托儿所建设等公益事业。

陈共存：集美大社人，陈嘉庚胞弟陈敬贤独子。在新加坡开设南洋进出口公司，1995 年，回祖国与华北进出口公司接洽橡胶贸易，成为新加坡第一家与我国建立贸易关系的公司。陈共存对家乡怀有深厚感情，改革开放后经常回乡，并发动新加坡乡亲集资，在集美开办了集美制衣厂，后改为中外合资的星集制衣公司，解决了数以千计乡邻就业问题，并将盈利用于陈嘉庚基金会。至今，陈共存已数次奖励我国卓有成就的科学家和集美学校优秀的教学人员。

华侨文化在新时代仍引领集美侨胞为家乡贡献力量。仅陈文确、陈六使家族在 2010 年就捐 700 万元善款继续支持家乡教育事业。而且诸多华侨的反哺形式也由捐资办学、帮扶乡里，拓展

图 1-32　陈共存（中）

为实业投资支持家乡建设：李建南于1991年创办后溪石材厂、与邱福贵合资创办福华食品公司，吴瑞景于1992年投资恒集房地产公司，陈章辉于1993年投资兴建福信商城，陈金烈在集美投资兴建集美中心花园……

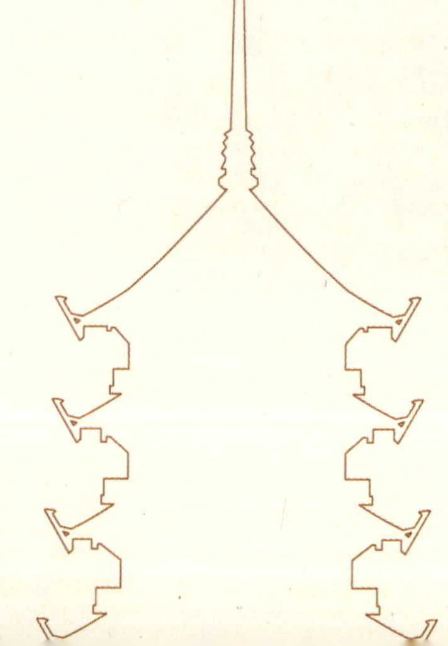

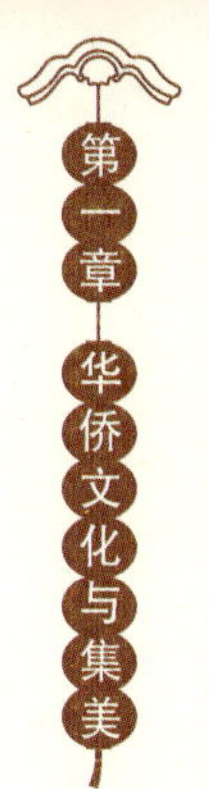

附：

集美侨联历年接受侨胞捐办公益事业主要项目（1984—2014）：

曾仙蕊，居香港，1984 年，捐赠 5 万美元，重修启明寺。

陈伯甫，居香港，1984 年，捐赠价值 3 万元丰田旅行车一辆。

孙炳炎，居新加坡，1984 年，捐赠价值 15 万元福特旅行车一辆。1985 年，捐赠 60 万元，资助创建乐安中学；1987 年，捐赠 10 万元，资助扩建乐安小学。

钟武芳，居菲律宾，1985 年，捐赠 5 万元，重建禾山基督教堂；1986 年，捐赠 5 万元，兴建钟宅小学教学楼。

汪荣通、汪国成，居新加坡，1986 年，捐赠 1.75 万元，兴建英村石砖路。

吕希宗，居菲律宾，1986 年，捐赠 5 万美元，兴建禾山防保院门诊大楼“吕音楼”。

陈赐曲，居新加坡，1986 年，捐赠 10 万港币，资助兴建集美托儿所。

广馀法师，居马来西亚，1987 年，捐赠 200 万元，重建金鸡亭普光寺。

周元，居新加坡，1988 年，捐赠 10 万元，资助乐安小学兴建“周元楼”。

新加坡平阳汪氏公会，1988 年，捐赠 20 万元，建 20 间公益店面。

陈文峰，居新加坡，1989 年，捐赠 10 万元，资助兴建集美浔畔山庄（骨灰室）。

王常伉，居新加坡，1989年，捐赠6万元，资助衍山中、小学。

马来西亚槟城兑山李氏乡谊会，1991年起，捐赠90余万元，兴建兑山小学教学楼等公益事业。

陈共存，居新加坡，1991年，捐赠10万元，资助兴建集美侨联大厦。

郑祝英及新加坡、美国等地侨胞，1992年，捐赠2万新币，集资重建灌口教堂、牧师楼。

陈永进，居新加坡，1993年，捐赠15万元，资助集美师专图书馆。

陈永和，居新加坡，1993年，捐赠145万元，重建集美礼拜堂；1993年，捐赠15万元，建立集美师专图书馆“珍本室”；1993年，捐赠10万元，资助集美小学、集美幼儿园；1995—2007年，捐赠20万元，资助集美社老人协会、集美南乐社；1998年，捐赠15万元，资助集美中学。

陈永和、陈嘉谋，居新加坡，1995—2007年，陈永和捐赠55万元、陈嘉谋捐赠200万元，建立集美李厚公益基金会、集美社陈氏共创基金会（后更名陈永和基金）。

张殊明，居新加坡，1998 年，捐赠 4.8 万元，设助学基金。

孙炳炎等，居新加坡，1999 年，捐赠 39 万元，资助乐安小学。

周谭友，居印尼，2001 年，捐赠 50 万元，提供侨房第一层给灌口李林村老人活动中心使用。

李成义，居新加坡，2002 年，捐赠 50 万元，资助乐安中学；2003 年，捐赠 30 万元，资助乐安联谊会。

周谭友，居印尼，2003 年，捐赠 10 万港币，设慈善基金。

陈永兴，居新加坡，2003 年，捐赠 7 万元，资助集美区侨联编印《循履嘉庚业迹》。

陈嘉禾、陈嘉麟、陈嘉坚、陈嘉立、陈嘉福、陈嘉才、陈嘉智、陈嘉添、陈嘉梅、陈嘉云、陈嘉美、陈嘉茹、陈嘉玲、陈嘉秋等兄弟姐妹，居新加坡，2005 年，捐赠 200 万元，资助兴建集美二小教学楼。

陈嘉禾，居新加坡，2006 年，捐赠 10 万元，设慈善基金。

谢钦锡、周美珠夫妇，居泰国，2006 年，捐赠 20 万港币，

设集美区侨联奖教奖学基金。

周美珠，居泰国，2006年，捐赠20万港币，资助集美小学；2006年，捐赠36万港币，资助集美华文学院。

陈嘉麟，居新加坡，2007年，捐赠5万元，资助后溪礼拜堂。

陈少宏，居加拿大，2007年，捐赠100万元，设慈善基金。

陈嘉麟，居新加坡，2008年，捐赠100万元，设集美二小素香奖教奖学基金；2009年，捐赠50万元，设集美社陈嘉麟奖学基金。

陈嘉谋，居新加坡，2009年，捐赠100万元，建集美大学永和楼。

杨集东，居马来西亚，2009年，捐赠15万元，设后溪奖学基金。

陈少宏，居加拿大，2009年，捐赠100万元，设集美二小汪渊奖教奖学基金。

张梅、陈永炎、陈锡耀、陈锡远、陈锡福、陈锡瑜等，居新加坡与马来西亚，2010年，捐赠500万元，建集美大学陈文确陈六使图书馆；2010年，捐赠200万元，设集美社陈六使后裔公益基金。

陈嘉麟，居新加坡，2010年，捐赠100万元，资建集美大学“嘉麟楼”。

陈少宏，居加拿大，2011年，捐赠200万元，设集美大学南顺奖教基金；2011年，捐赠20万元，用于泰国赈灾；2011年，捐赠10万元，资助集美区侨联编印《集美区侨联志》及在海外设置宣传窗口；2011年，捐赠5万元，资助集美龙舟赛；2011年，捐赠14万元，资助集美二小添置多媒体设备。

2011年10月，中山华侨公园奠基暨纪念辛亥革命100周年联谊总会首届大会来宾、海内外侨胞，捐赠1000万元，资建厦门中山华侨公园。

陈少宏，居加拿大，2012年，捐赠5万元，资助集美龙舟赛。

陈凯军，居加拿大，2012年，捐赠100万元，资助集美大学设置奖教金。

陈少宏，居加拿大，2013年，捐赠600万元，资助集美大学设置教育发展基金。

陈嘉谋、陈嘉进、陈嘉建、陈嘉禾、林恩东、林恩仁、陈嘉福、

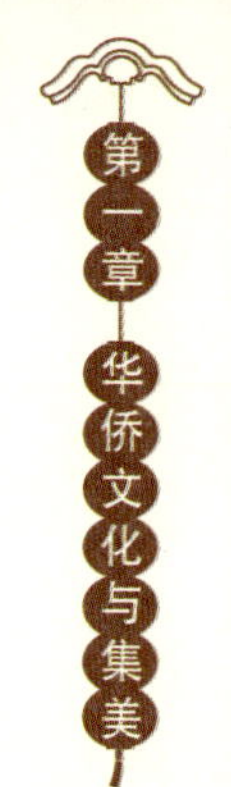

陈嘉弟、陈嘉添等，居新加坡等地，2013 年，捐赠 5 万元，助贫济困。

陈嘉麟，居新加坡，2014 年，捐赠 10 万元，充实集美社陈嘉麟奖学基金。

（摘自 2014 年 10 月厦门市集美区归国华侨联合会编印的《集美侨联五十年》）

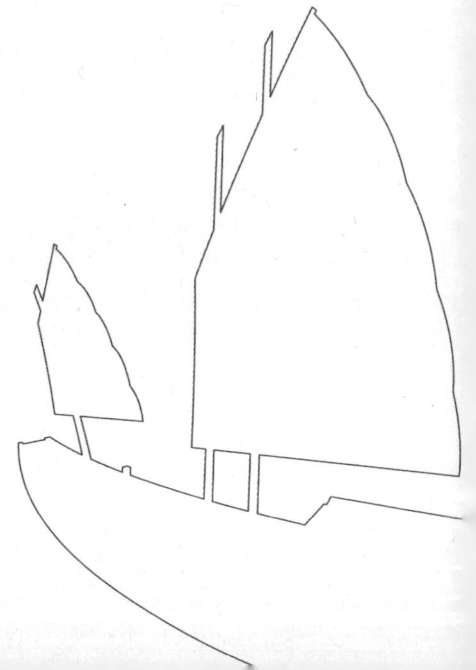

第二章　华侨文化的历史记忆

华侨足迹是一段漫长的奋斗史。他们怎么离乡出洋？怎么与家乡联系？怎么思乡？又怎么实现回乡梦？……

历史会有记忆，侨批侨信、大小福船、侨乡乡侨、侨房侨居，就是过往与现实的船票。

一、侨批

“侨批”是整个集美华侨文化发展的伴随者和见证者。“侨批”源于闽南语，“侨批”中“侨”指海外华侨华人，“批”是闽粤方言对书信的称呼。“侨批”俗称“番批”或“华侨银信”，是指华侨华人通过民间渠道及金融、邮政机构寄给家乡眷属的汇款、书信及其回文的统称。“侨批”涉及的主要地域包括闽、粤、琼三省及东南亚各地，其中以福建闽南地区和广东潮汕地区为多为著。

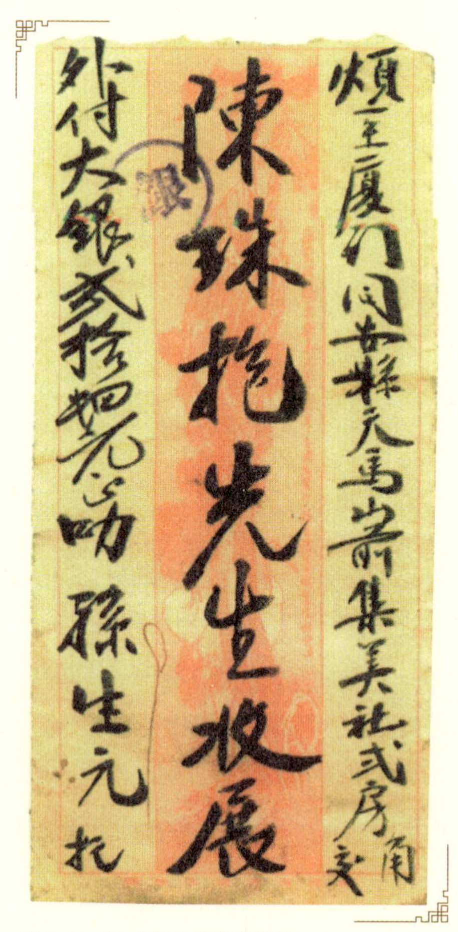

煩至厦門同安縣天馬山前集美社式房角交

陳珠艷先生收展

外付大銀貳拾捌元正

叻 孫生元托

图 2-1 20 世纪初的集美侨批

“侨批”的产生有其历史大背景。“下南洋”的移民大潮中，华侨对亲人与故乡的爱，催生了侨批与侨批业。由于闽南有大量华侨在海外经商、谋生，因此在海外华人聚居的地方，便有一些人利用返乡的机会为同乡传递信件，顺便携带银两。这些人最初被称作“水客”。

1898 年，“水客”出身的郭有品在闽南设立了“天一信局”，寓意“天下一家”，专营侨批业务，可以称得上是“中国邮政史上第一间民间国际邮局。它比清朝的海关邮局早四年，比清政府的邮政邮局早十二年”。每有侨批到，它还有一个颇为特别的仪式，就是在信局门前升起旗帜，使人远远得以望见，这升起的也是留守家乡的眷属的希望。信局也不只靠着设分局扩范围来完成使命，哪怕收信人一栏地址有误，信差们也可以凭借乡情，及时将侨批送达侨眷手中。就连郭有品遇海难九死一生获救后，首先想到的也是其随身携带已沉入海底的 800 多元信局侨款，他深知，侨批之款就是华侨们对亲人、乡族的爱，他也不瞒也不推，不惜变卖家中田产，偿还所有款项，分文不欠。“天一信局”批封印有“本局分批现交银议，酒资分毫无取，交大银无甲小银，若有被取或甲小银，祈为注明批皮或函来示本局，愿加倍送还贵家，决不食言”，足见其诚信。

每封海外侨胞的来信附款项，都有一与来信同帮同号的“回批”寄回海外。内容多为信收到了，钱收到了，家里如何如何。当乡里侨眷之间互相探询“你儿子有批来未”，将心比心，可想而知，华侨在外连打招呼也一定不时来一句“你家里回批来未”。

这正是华侨文化的乡族性，具有中华传统以血缘关系为纽带的文化特征；也正是华侨文化中的经商理念，体现中国人以诚走天下的正道。

集美侨批既有历史贡献又有现实意义，是“世界记忆遗产”的重要一部分。集美侨批中记载了许多早期集美华侨出国的艰辛以及他们不畏困难、打拼创业，寄送侨批养家糊口、支援家乡建设，

图 2-2

图 2-3

图 2-2　天一总局遗址

图 2-3　天一信局石刻徽记

支持革命及抗日战争的史实，反映了集美华侨的爱国主义情怀，体现了集美华侨拼搏开拓、重情重义的固有文化特质。从侨批中几乎清一色使用甲子纪年，从信封到信笺再到邮票设计，都可见华侨文化底色依然饱含中华文化的浓浓情愫。大量侨批还都有一个共同特征：侨批内容字里行间均渗透着对亲人的思念、对家乡的牵挂，而对自己在海外的辛劳却只字不提。游子在海外，家书抵万金。每一封侨批都有一个故事。

一封马来亚寄往闽南的侨批，记述了一位闽籍华侨老人艰苦创业、参与筹款支援抗日战争的亲身经历：

> 发成吾儿收知：
>
> 近接宗亲来信谈及汝名曰为人师表，不思致力教好学子，而与酒肉之人为群，不遵家规，有损吾家风，使余甚为痛心哉。汝当思，余年少因时势所迫，生活穷难而南渡到马来亚谋生……

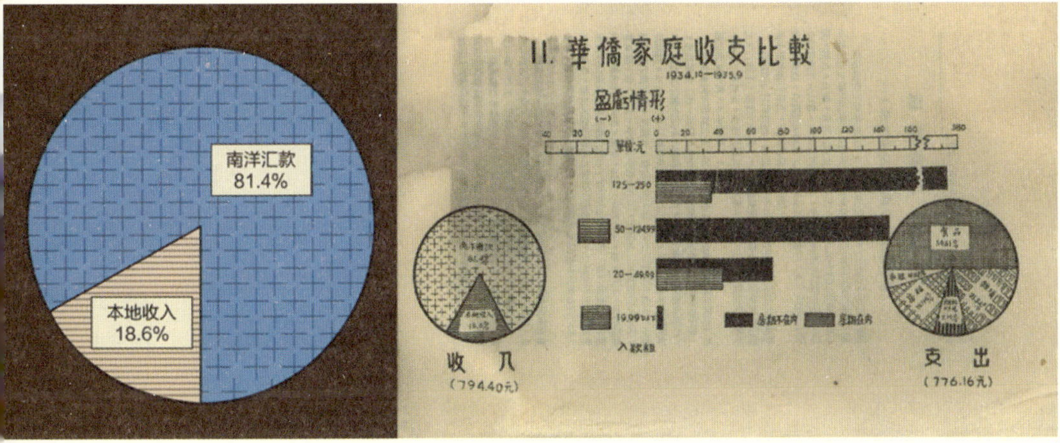

图 2-4　根据郑林宽《福建华侨汇款》，20 世纪 30 年代华侨汇款占福建省华侨家庭收入的 80% 以上，这意味着侨汇几乎成为他们维持生活的唯一来源

抗日战争爆发，厦门沦陷，侨领陈嘉庚倡议，召开南洋各地侨领会议，讨论援救华南事宜。一九三八年十月在新加坡召开南洋华侨筹赈祖国难民代表大会，成立筹赈会，马来亚余与李天赐君等参加大会，新加坡为总会，陈嘉庚任主席，各埠设分会。侯西反到马来亚怡保坡与余共策组织分会，李君任分会主席，余任副主席。余虽无回国参战，在马四处奔走呼号，宣传发动，筹募款项、物资、人力。余带头捐巨资，因此，侨亲纷纷响应，募集巨资寄回祖国支援抗日。日寇投降后，霹雳洲政府授予功勋。余简述此，悉汝三思，有则改之，无则加勉，以慰余心。

询

近佳！

一九五四年十二月八日。父和庚

福建侨报 责编:陈鸿鹏 美编:韩惠彬 版式:屈振英
2015年8月21日
侨批侨史
电话:(0591)87875375
E-mail:fjqb05@126.com
5

南侨抗日永记忆 教育子女当勉力

华侨们虽远离祖国,但是心系祖国,仍然注重家风传承。

1954年由马来亚寄闽南侨批的一封书信中,记述了一位闽籍华侨老人艰苦创业、参与筹款支援抗日战争的亲身经历,用爱国主义精神来教育儿子。

发成吾儿收知:

近接宗亲来信谈及汝名曰为人师表,不思致力教好学子,而与酒肉之人为群,不遵家规,有损吾家风,使余甚为痛心哉。汝当思,余年少因时势所迫,生活穷难而南渡到马来亚谋生……

抗日战争爆发,厦门沦陷,侨领陈嘉庚倡议,召开南洋各地侨领会议,讨论援救华南事宜。一九三八年十月在新加坡召开南洋华侨筹赈祖国难民代表大会,成立筹赈会,马来亚余与李天赐君等参加大会,新加坡为总会,陈嘉庚任主席,各埠设分会。俟西反到马来亚怡保坡与余共策组织分会,李君任分会主席,余任副主席。余虽无回国参战,在马四处奔走呼号,宣传发动,筹募款项、物资、人力。余带头捐巨资,因此,侨亲纷纷响应,募集巨资寄回祖国支援抗日。日寇投降后,霹雳洲政府授予功勋。余简述此,悉汝三思,有则改之,无则加勉,以慰余心。

询

近佳!

一九五四年十二月八日。父和庚

这件侨批是别具一格的"回忆录"家书,书写人和庚通过回忆他在星马奋斗经历,特别是追忆亲历成立的南洋筹赈会的经过,以此教育后代改过自新,充分体现了华侨爱国爱家的优良传统。

书信中,华侨和庚回忆他早年"初抵马时,幸亲人介绍在一锡矿公司当杂工,勤奋劳动,几年后得公司器重,支持余自行开垦荒山,种植橡胶园"。后来,"立下宏志,披荆斩棘,历尽人间险繁,辛酸苦辣,惨淡艰苦种植。经几十年之艰苦奋发,由种植业扩大自营胶厂"。在"事业稍有成功,奠下了立足之基"之时,他"奉循周总理教言,与当大众和睦相处,友好往来",受到当地人民及乡侨共赞颂,而被推选为霹雳洲政府议员。这是广大华侨尤其是福建海外乡亲的艰苦奋斗历程的真实写照。

抗战爆发后,爱国侨领陈嘉庚倡议,1938年10月在新加坡召开南洋华侨筹赈祖国难民代表大会,成立筹赈会(简称南侨总会),和庚与李天赐君等代表马来亚参加大会。马来亚怡保坡组织分会,他任副主席。他虽无回国参战,但带头捐巨资,在马来亚四处奔走呼号,宣传发动,募集巨资寄回祖国,支援抗日。日寇投降后,他荣获马来亚霹雳洲政府授勋。

从1938年10月南侨总会成立到和庚写信的1954年,已事过16年。和庚依然念念不忘,书信反映他作为一名普通爱国华侨勤劳、拼搏、爱国、爱家人的基本素养,并以抗战精神激励儿子"三思",以亲身经历在海内外弘扬抗战精神。 (黄清海)

图 2-5 南侨抗日永记忆 教育子女当勉力

这封侨批还记载了书写人和庚“初抵马时，幸亲人介绍在一锡矿公司当杂工，勤奋劳动，几年后得公司器重，支持余自行开垦荒山，种植橡胶园”，并“立下宏志，披荆斩棘，历尽人间险繁，辛酸苦辣，惨淡艰苦种植。经几十年之艰苦奋发，由种植业扩大自营胶厂”。至多年后，在“事业稍有成功，奠下了立足之基”之时，他“奉循周总理教言，与当大众和睦相处，友好往来”，受到当地人民及乡侨共赞颂，而被推选为霹雳洲政府议员。这是广大华侨艰苦奋斗历程的真实写照，也是华侨文化精神的浓缩体现。

侨批业已融入了历史的洪流，可时至新中国初期的三年国民经济困难时期，华侨还以侨批衍生形式将粮油食品等寄回侨乡。“闽南侨批”申报“国家档案文献遗产”暨“世界记忆遗产”就是保护华侨文化，以物述一群人一段史，述他们对家乡人的热爱体恤，述他们与国民的同仇敌忾，述他们对中华民族文化的坚守，述他们以信义为本的刚毅与厚道。

二、乡侨与侨乡

若将民族范畴缩小到家族范畴，将国家范畴缩小到乡里范畴，华侨便也是乡侨。侨乡只是华侨依祖籍地不同而有别，却不改华侨的国家民族大爱。乡侨对故里爱之深切时时令人动容。

再杰出的华侨也难掩浓浓的乡情乡愁。陈嘉庚完成回国慰劳抗日军民的使命后，回到阔别十九年的故乡集美。一进集美，立刻来到学村；一到学村，没有片刻歇息，马上徒步巡视学校的各个角落。他亲手设计的白墙红顶的高楼、林木掩映的花园校道，

图 2–6　1940 年 11 月，陈嘉庚（前排右七）回国慰劳途经漳州时，与集美学校、厦门大学师生合影

哪里去了？蓝图实现了，一砖一瓦、一草一木，都曾经在现实中存在过，现在却只残留断垣破壁，校舍、礼堂几乎被夷为平地，欢声笑语在徒有四壁的宿舍只剩回响。一个书声琅琅的学村已成野草杂生之蛮荒地，一座烟火味十足的集美社竟然在废墟瓦砾间有了老虎出没，师生们已内迁，两千多人的乡民们只剩百人。怎奈第二天，陈嘉庚就要动身往西南视察滇缅公路，历经无眠夜，临行喃喃道“今日望集美，怕是今生最后一次了”，说着说着眼泪就扑簌簌地掉了下来。

也许，华侨的乡情是美酒，可以醉笑一场，就是一生；也许华侨的乡情就是梦魇，一朝离去，又是一生。

终究，陈嘉庚有幸再回祖国，了却心愿，终老故土。

图 2–7　厦门华侨博物院，中国最早建立的以华侨、华人历史为主题的综合性博物馆，馆内展设饱含华侨乡情

三、福船

中国人早期出洋的交通工具，大致有沙船、福船、广船和浙船四类。厦门船、台湾船、福州造南京出船、福州造广东出船属福建船系列，故名福船。集美人出海“下南洋”多用福船。

根据明代郑若曾编著《筹海图编》(嘉靖四十一年刊本)记述，福船分为大福船式与草撇船式：

图 2-8　大福船式

图 2-9 草撇船式

图 2-10　郑和宝船（福船）复原模型（福建厦门集美航院制作）

福船高大如楼，可容百人。其底尖，其上阔，其首昂而口张，其尾高，从耳设柁。楼三重于上，其傍皆获板，扬以茅竹，竖立如垣。其帆桅二道，中为四层，最下一层不可居，惟实土石以防轻飘之患。第二层乃兵士寝息之所，地板隐之，须从上蹑梯而下。第三层左右各获六门，中置水柜，乃扬帆炊焚之处也。其前后各设木椗，击以棕缆，下椗起椗皆于此层用力。最上一层如露台，须从第三层穴梯而上，两傍板翼如栏，人倚之以攻敌，矢石、火炮皆俯瞰而发。敌舟小者相遇即犁沉之，而敌又难于仰攻，诚海战之利器也。但能行于顺风顺潮，回翔不便亦不能逼岸而泊，须假哨船接渡而后可。

参将戚继光云福船高大如城，非人力可驱，全仗风势。倭船自来矮小如我之小苍船，故福船乘风下压如车碾螳螂，对船力而不对人力，是以每每取胜。设使贼船亦如我福船大，则吾未见其必济力之策也。但吃水一丈一二尺，惟利大洋，不然多胶于浅，无风不可。使是以贼舟一入里海沿浅而行，则福舟无用矣，故又有海沧之设。

草撇船即福船之小者。参将戚继光云海沧稍小福船耳，吃水七八尺，风小亦可动，但其功力皆非福船比设。贼船大而相并，我舟非人力十分胆勇，死对不可胜之。二项船皆只可犁沉贼舟，而不能捞取首级，故又有苍船之设。

福船，既为抗倭之器，亦为华侨漂洋过海之倚。

另据《中国古船图谱》（王冠倬编著，三联书店2000年版）载：

福船前后搪水板呈椭圆形。两舷向底部收

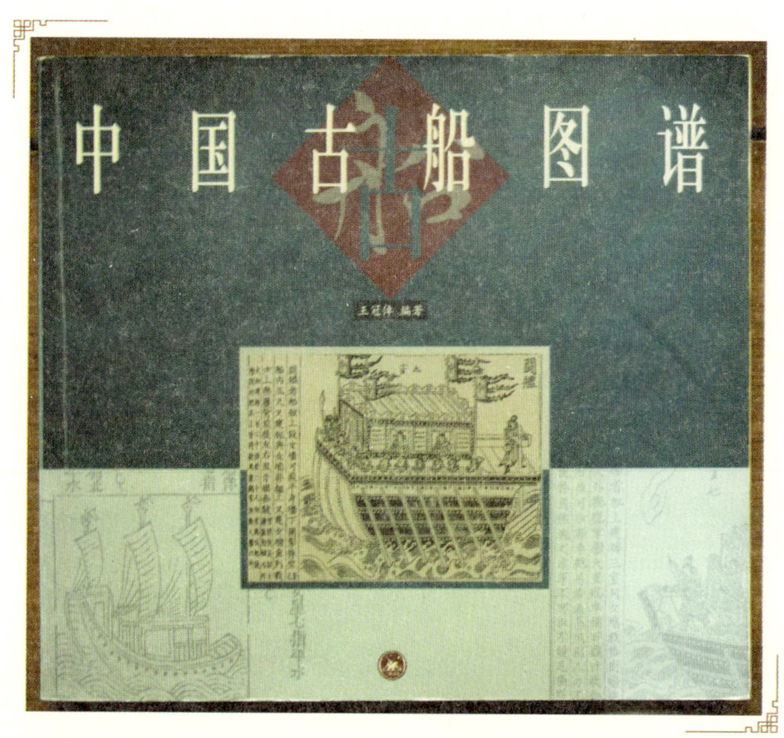

图 2-11 《中国古船图谱》封面

> 拢，船底为尖圆形，纵向贯穿龙骨。船尾有虚梢，形成带栏的平台；台上设券洞式席篷；台下成室，内为神堂。船尾置窄叶不平衡舵，并设多筋（或称勒肚、勒索），沿龙骨两侧延伸至船首。立二桅、挂席篷。船尾立“舻旗柱”，应即尾桅。

福船内设神堂，应与闽地信仰风俗有关。福船之“福”虽是因福建所造之船而名，也寄寓了出洋华侨们的希望。

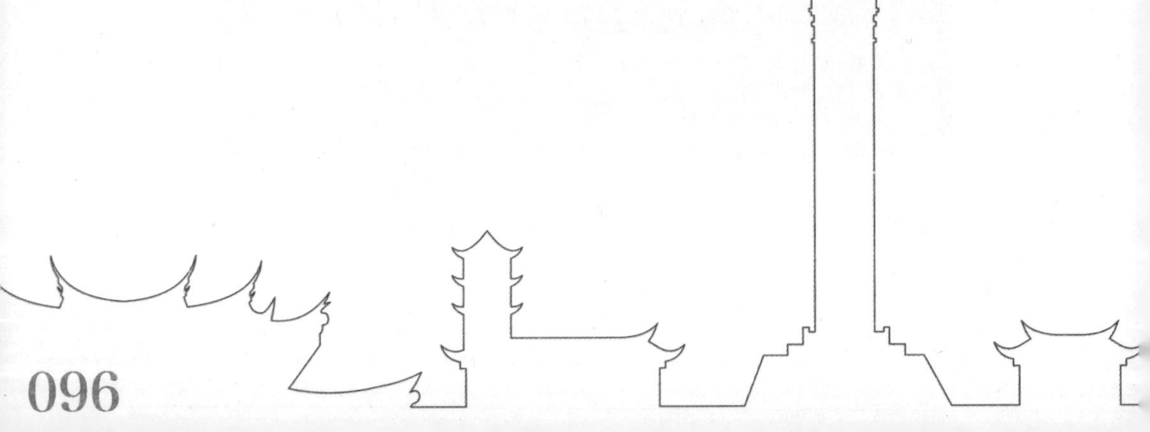

四、侨房侨居

集美依山傍海，海岸线绵长，海上交通便利。集美海外华侨在异国他乡艰苦创业，积累了一些钱财，怀着浓厚的家乡情怀，在故乡兴建住宅、院邸。这些点缀在集美乡村、城镇中的特色侨房不仅镌刻着数代华侨在海外创业的艰辛历程和辉煌成就，也蕴含着丰富的建筑艺术和不同的文化内涵，是华侨文化的独特载体，是闽南建筑大观的惊鸿一瞥，焕发出炫目的光彩。

现存特色侨房大都兴建于清末至新中国成立初期，既有闽南传统建筑风格，又吸收侨居国的建筑特色，已经成为集美的一张特殊名片，是集美珍贵的文物和文化遗产。

集美侨房主要分为闽南传统红砖民居和西式洋房两种类型。

红砖民居多建于清末至民国初期，采用中国传统建筑的中轴线对称布局，以居中的前后二落大厝及中央天井组成大四合院，加上左右两侧护龙以及院前大埕，有的还添加“后界”或者“倒座”排屋，形成占地面积巨大的建筑群。红砖民居以红瓦、红墙、红地面为特点，规模较大者也称“大厝”。其中，以后浦的“汾阳大厝”、马銮的杜氏小宗祠和锦园的“新大厝”最具代表性。

西式洋楼则在西式建筑中融入许多闽南乡土建筑特点，形成独特的建筑语言。其特点是既以闽南传统民居常用的土、木、石、砖为主要建筑材料，又增加了西洋建筑的钢筋、水泥、有色玻璃、金属材料、马赛克、釉面砖（有的还从国外直接运来）；既采用木刻、石雕、泥塑等装饰品，又增加一些东南亚或西方的花纹、图案；门窗宽敞、注意通风与采光；多采用层楼建筑形式，少采用合院式的单层建筑形式；门前多采用科林多式的圆形廊柱；楼前屋后多有一些花草的园地。

这种民居建筑形式既坚固又美观，既大方又实用，既有中国传统的，又有西方的形式，形成侨乡到处可见的“洋楼式”民居建筑。它们因外观颜色或造型特点，而被村民们称为“红楼”“黄楼”“八角楼”“番仔楼”；也有取意祥瑞的“安居楼”“引玉楼”“凤翔楼”；还有以建筑主人名字命名的东安张永鸿宅和张利高宅等。其中，“凤翔楼”建于民国七年（1918 年），是民国时期缅甸爱国华侨林顺吉的故居，具有东南亚地区英式殖民地建筑风格。

图 2-12

图 2-13

图 2-14

图 2-12　凤翔楼

图 2-13　汾阳大宅

图 2-14　杜氏小宗祠

图 2-15　锦园新大厝

图 2-15

图 2-16　安居楼
图 2-17　红楼

图 2-17

第三章　华侨文化与“一带一路”建设

华侨文化的形成与中国对外移民两千多年的历史息息相关，从鸦片战争到新中国成立前夕，为华侨大规模移民高潮时期。这个时期，华侨出国的人数之多、规模之大、分布之广、遭遇之苦，均属前所未有。

福建省地处东南沿海，与东南亚各国隔海相望，自古就与东南亚往来密切。到了1840年鸦片战争后，大量的福建人民被迫出国谋生，旅居海外的闽籍华人、华侨占比极高。而集美地处闽南，是华侨故乡的重要支脉。

爱国主义是海外侨胞代代相传、生生不息的精神支柱，祖国的强盛与发展是海内外中华儿女最可信赖的靠山。

从历史脉络来看，华侨是中国革命与发展的有力支持者和参加者；进入新时代，华侨对祖国改革开放的贡献不仅仅是有形的资金引进和市场经济管理，更重要的是引导中国国民经济融入全球经济大潮，拉近了中国和世界的距离；特别是当代的“一带一路”

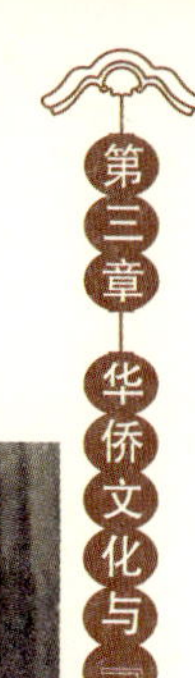

图 3-1　1957 年 12 月 11 日，全国侨联第一届第二次全委会在厦门召开，全国侨联主席陈嘉庚做工作报告

图 3-2　1964 年 5 月 24 日，厦门市归国华侨联合会郊区分会第一届执委会合影

建设更是少不了华侨及华侨文化的身影。在“一带一路”相关国家，华侨蕴藏着雄厚的经济实力、丰富的跨国营商经验、广泛的人脉关系和深厚的智力资源。

华侨是“四海一家，世界大同”理念最忠实的实践者。他们爱自己，爱家人，爱故乡，爱民族，爱国家，爱这个世界。他们携带着中国产品和文化走遍世界，与世界其他文明展开对话；他们也为中国打开“世界之窗”，并在这个过程中，为祖国夯筑考量自我、强大自我与提升自我的外在资源。“一带一路”倡议，是一个伟大民族的成熟与自信的表现。

一、郑和下西洋与“一带一路”倡议于华侨之比鉴

郑和下西洋与“一带一路”倡议都是中国面向世界的壮举。

永乐三年（1405 年）明成祖“敕谕四方海外诸番王及头目人等：朕奉天命君主天下，一体上帝之心，施恩布德，凡覆载之内日月所照、霜露所润之处，其人民老少，皆欲使之遂其生业，不致所施。今遣郑和赍敕普谕朕意，尔等祗顺天道，恪守朕言，循理安分，勿得违越，不可欺寡，不可凌弱，庶几共享太平之福”，郑和下西洋的船队由此扬帆起航。

图 3-3　“郑和下西洋 600 周年”纪念邮票

郑和七下西洋，于华侨意义深远。

首先，发展了造船工艺，积累了航海经验。郑和“统率官兵数万，乘驾宝舟百艘，前往海外”，每次都在福建长乐太平港驻泊，短者二三月，长者达十月以上，皆修造船舶、选招随员、补给物资。多数“海舟以福建为上”，随行船员中闽人占 16%。这些都多多少少借助或发展了华侨出海的技艺与能力。

其次，保证了对外的航道安全。无论是逃亡海外、盘踞旧港的豪强，还是不恭之番王，以及海外各国争端所致，总多侵掠，致使海路艰险，华侨出海即面临风浪之外更大的风险。郑和下西洋“三擒贼魁，威震海外”，保证了“海道由是而清宁”。

再次，提升了海外游子的地位。之前，华人侨居异域，总体处劣势。譬如，爪哇西王与东王构兵，不但当地华人遭殃，连郑和第一次下西洋都被“累及朝廷所遣使百七十余人皆杀”。最后，迫使爪哇西王遣使“诣阙请罪”。可以说，下西洋让海外华侨至少在那一段时期感到有了靠山，有了后盾，使他们暂时免于遭受外邦的欺凌、屠杀，得以顺利地安家立业，从而经历了一段扬眉吐气，迅速发展的历史阶段。故而，“三保公”郑和一时也成为华侨眼中故国的“代名词”。

复次，紧密了邦交关系，增长了华侨数量。下西洋所恢复与建立外交关系的国家与地区，有“安南、占城、真腊、爪哇、大琉球、三佛齐、渤尼、彭亨、百花、苏门答剌、西洋、邦哈剌凡三十国”，后又拓展到波斯湾口的忽鲁谟斯和红海岸的阿丹，以及非洲大陆东岸的木骨都束、不剌哇和麻林迪等国家和地区。而这也为华人拓展世界的脚步提供了基石。从此，更多沿海居民远渡重洋谋生，久居当地而留了下来。特别是，有些随船出使人员到了世界各地，因为养病、交流贸易、留使等各种各样的原因留了下来。较为典型的有《明史·婆罗传》云：“万历时，（婆罗）为王者闽人也。或言郑和使婆罗（今之文莱），有闽人从之，因居留其地。其后人竟据其国而王之，邸房有中国碑，王有金印一，篆文作兽形，言永乐朝所赐。”一个福建人据婆罗为王，由此可推测婆罗华侨数量此时已众多，并可进一步推测福建人尤多。还有郑和副使闽南人王景弘至爪哇因病留下疗养，带着留下照料他的十名随从开荒种地，建筑房屋，并与当地通婚，用留下的船来贸易经商，竟形成颇具规模的华侨社区。

最后，贸易之风兴起，互通有无。经商贸易是华侨壮大的一个重要途径。明太祖即有“敢有私下诸番互市者，必置之重法”的海禁政策。虽说后来因贡使携带私人货物市易而“准中国之值市之”，却不能解决中国日益增长的对外贸易需求，越是经济长足进步，为统治稳定而兴海禁越是显得因噎废食。于是郑和下西洋代表官方进行海外贸易，“中国宝船到彼，开读赏赐毕，其王差头目遍谕国人，皆将乳香、血竭、芦荟、没药、安息香、苏合油、木别子之类来易纻丝、瓷器等物”。

就此，依靠风力的大船所需要的压舱石，去程即由瓷器等充之，回程又以象牙等厚重之物填之。此先河一开，民间也得沾其利，纷纷仿效，甘冒违禁一搏。但凡风信一到，皆不失其机，随帆而市海外。

可郑和下西洋功绩终究敌不过历史局限，无须粉饰渲染，也不必诋毁苛责，我们应该做的是还原它的时代价值，戴着客观的“眼镜”，以观省其不足，使其裨益“一带一路”倡议。郑和下西洋，是重恩赐而轻贸易，而“一带一路”倡议是市场运作、互利共赢；郑和下西洋，是施威属国，维系朝贡关系，而“一带一路”倡议是平等交流，建立伙伴关系；郑和下西洋，是禁海锁民，唯有官办，而“一带一路”倡议是扩大开放，国为民推；郑和下西洋，是贡国携私者可以市易，本国民不可市易于海外；而“一带一路”倡议是你来我往、双向互通。

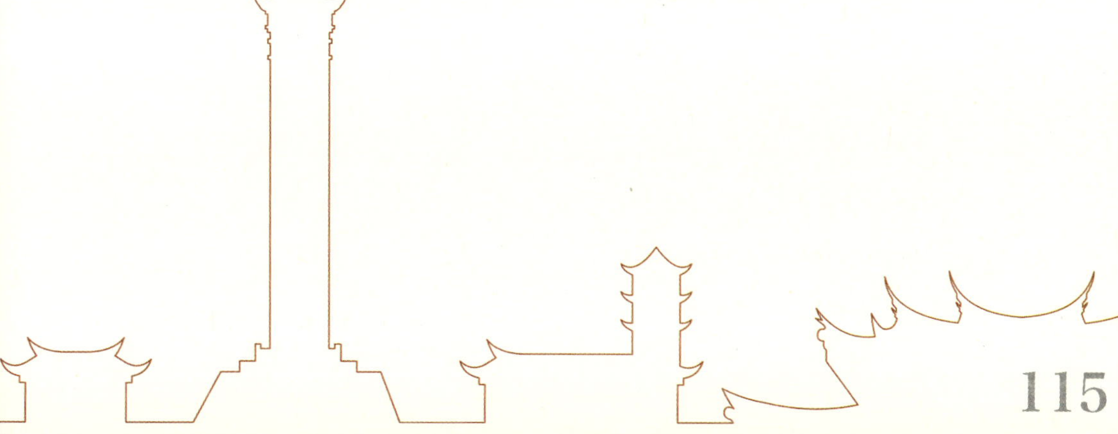

二、“一带一路”倡议下的集美华侨文化

大格局就需要先从大处着眼，集美在华侨文化与国家“一带一路”倡议的基础上，充分活用陈嘉庚的务实精神，加以实践先行。集美的华侨文化虽不是由陈嘉庚“始”，但一定是由陈嘉庚“兴”。1949 年 9 月 2 日，陈嘉庚先生在政协第一届全国委员会第一次会议上的提案中向政协提议把福建作为全国重点侨区，并指出侨资是一个很有利的建设因素。1950 年初，他进一步提出吸收侨资的两个要求：

图 3-4　1952 年成立的福建华侨投资股份有限公司是公私合营性质的公司，年息仅 8 厘，为支持家乡建设，许多侨胞将存款投入公司。图为公司在集美向投资者发放股息

其一，政策应有切实保证；

其二，不能单靠资本家而要动员华侨社会的大众，只要政治搞得明，社会环境好，政府有提倡，海外必能闻风而起。

在陈嘉庚的积极推动下，1952 年，福建成立了华侨投资公司，1957 年，国务院颁布了《华侨投资于国营投资公司的优待办法》。陈嘉庚在自己的最后一份书稿《华侨爱国精神永存》中写道：“此时华侨散布各国，人数将更加发达，踪迹所至将不限于东南亚一隅，对推销国货、交换物资所起的作用，也将百倍于现在。”

百年嘉庚精神，千年华侨文化。华侨是集美改革开放事业的开拓者、参与者、贡献者，也是实现中华民族伟大复兴中国梦的宝贵资源。在“一带一路”时代背景下，集美正在努力实现“中国最美侨乡”的梦想，续写嘉庚故里新的百年辉煌。

集美华侨的民族意识本是打断骨头连着筋的坚韧凝聚力。华侨在"一带一路"的发展浪潮中，民族文化之根、家国情怀之本，不但可"连筋接骨"，还将"强筋健骨"。从心怀乡民到心系国民的境界跃升是陈嘉庚所影响的集美华侨文化最有力的脉动。其每一次进步发展都留下清晰而扎实的阶梯进程。先以家族宗亲理念出发，进而形成以血缘、地缘为中轴的乡土观念，最后演化为国家主义的民族情感，完成了从"家"到"乡"至"国"的升华。这是一次伟大的觉醒，需要华侨的奉献与牺牲。而当国家能够作为倡导者，擎旗为民族谋未来，有精神有情怀的集美华侨自然可以再展拳拳盛意。

华侨的开拓脚步已经到达地球的各个角落。闽南语在某些国家、地区的华人聚集区甚至被称为"国语"，集美华侨身居其中，进取不辍，特别是在东南亚已形成一股进取的驱动力，尤为是在"一带一路"沿线国家中的新加坡、马来西亚、印度尼西亚、缅甸、泰国、老挝、柬埔寨、越南、文莱、菲律宾等国更是有着良好的民意基础和经济政治文化合作，已肩负"一带一路"建设中与东南亚的桥梁作用；华侨经济文化合作试验区可成为"一带一路"

图 3-5

图 3-6

图 3-5　2016 年嘉庚论坛开幕式

图 3-6　第二届嘉庚论坛由中国文化软实力研究中心、中国华侨国际文化交流促进会等共同主办，主题为“新时代深化改革开放，新友谊共建一带一路”。本届论坛首次将中国文化软实力研究高层论坛与嘉庚论坛合并举办

建设的先行者；华侨华人文化旅游开发可筑实“一带一路”建设的软实力；华侨非物质文化遗产代表性传承人制度可建构“一带一路”建设的文化基础。在伟大时代的宏观布局视野下，华侨华人海外开拓与发展为“一带一路”建设打下基础、提供经验；“一带一路”建设为华侨华人自身发展和报效祖国提供新机遇；华侨华人是中国与“一带一路”沿线国家深度合作的黏合剂。

引进外资，吸纳人才，汇聚侨智，深化合作。集美区始终深化与“一带一路”沿线国家，特别是东南亚国家的对接合作，多渠道推进经济、科技、文化等方面的交流合作。从政府到企业、从官方到民间，合作的广度和深度不断拓展。

文化方面，东盟(集美)文化艺术交流中心、兑山艺术区、棕榈城综合体、国际气球节、集美·阿尔勒国际摄影季、世界华侨华人美术书法展、21世纪海上丝绸之路厦门艺术周、“海丝”东盟文化艺术展、华侨大学华文学院，处处彰显集美侨乡魅力；经济与科技方面，康柏机械、立圣丰机械、和丰利等一批民营企业逐渐布局“一带一路”沿线国家，时时不忘紧跟国家战略。

华侨大学华文学院就是集美华侨文化的产物，闻名则知华侨与文化是它前进的双驱，其前生是华侨陈嘉庚为侨生、侨眷创办

图 3–7　2018 年集美 · 阿尔勒国际摄影季开幕

的华侨补习学校。从创办者、招生对象到教学目的，从初创到发展，从内容到形式，都以华侨及华侨文化为载体。其以传播中华文化、发展海外华文教育、促进中外文化交流为己任，成为首批国务院侨办批准的华文教育基地，连续数年被评为“全国侨务系统先进单位”。

如今，在“一带一路”建设文化先行的倡议下，华文学院自然也就当仁不让地承担起其文化使命，先后主办了“国际华文教育研讨会”“国际华文教育与华文文学研讨会”“华侨大学世界华文教育论坛（香港）”，又协办第二届海外汉语方言国际学术讨论会、全球化时代华文写作与海西文化传播国际研讨会。

学院的招生范围从东南亚拓展到亚洲、欧洲、美洲、非洲和大洋洲各国。许多学生毕业后，在所在国外交部或驻华大使馆及世界各大学工作，成为中华文化的传播者和中外友谊的使者。学院还启动对泰国、印尼、菲律宾、缅甸、老挝、文莱、韩国、英国、美国、匈牙利、意大利、保加利亚、巴西等国外派教师、设立教

图 3-8　华侨大学华文学院

学机构的传播中华文化项目。交流、学习内容更是广泛涉猎汉语、中国优秀传统文化艺术、各地民风民俗等内容，还以“寓教于乐”的方式开展“中华文化大乐园夏令营”等活动，项目展示的中国武术、剪纸艺术、茶文化等让中华文明在国外顿时鲜活起来，成为“一带一路”建设中的文化大使。

和平友好、交流促进、互利双赢，这一个个良好的初衷与夙愿是中国对世界的态度，华侨就是传播它的使者。中国梦其实同世界各国人民的梦想相通。侨乡集美与法国卡瓦莱河市结成友好城市就是同一个世界、同一个梦想的美好体现，华侨牵线搭桥，促进了两地经贸、文化和艺术交流，增强了中华文化在世界上的亲和力和影响力，也为“一带一路”建设做出了重大贡献。

百舸争流千帆竞，敢立潮头唱大风。集美华侨文化，在“一带一路”大潮中依然傲立潮头。

图 3-9　全球华人龙舟赛

结 语

中国人无论走到哪，都觉得自己还要回来的。哪怕在海外“开枝散叶”已历数代，都不忘自己是龙的传人。

祖国，是华侨的靠山，也是华侨的底气。现如今，华侨依倚的大山已然巍峨，华侨面向的世界也注定更加宽广。

华侨与祖国，子母情深。今日之中国，正为华侨擎旗指路，振臂呼游子：无论你身在何处，请记住，你身后有一个强大的祖国！

图片来源

第一章　华侨文化与集美

图 1-1：中国人民抗日战争纪念馆、中华全国归国华侨联合会文化交流部编：《华侨与抗日战争》，中国华侨出版社 2006 年版，第 2 页。

图 1-2：陈嘉庚：《陈嘉庚回忆录》，东方出版社 2010 年版，第 11 页。

图 1-3：厦门市集美区档案局编：《百年学村跨越美》，厦门音像出版有限公司 2013 年版，扉页 3。

图 1-4：李振增翻拍。

图 1-5：《下南洋的闽南人》，《中国国家地理网》，http://www.dili360.com/cng/article/p5350c3d922a4090.htm，访问时间 :2019 年 12 月 5 日。

图 1-6：厦门市集美区归国华侨联合会：《集美侨联五十年》，内部资料，2014 年版，第 264 页。

图 1-7：吴吉堂主编：《杏林史话》，鹭江出版社 2011 年版，第 58 页。

图 1-8：厦门市集美区档案局馆编 :《影像集美》，厦门大学出版社 2011 年版，第 142 页。

图 1-9：厦门市集美区档案局编：《百年学村跨越美》，厦门音像出版有限公司 2013 年版，第 65 页。

图 1-10：厦门市集美区地方志编纂委员会编：《厦门市集美区志》，中华书局 2013 年版，第 631 页。

图 1-11：厦门市集美区归国华侨联合会：《集美侨联五十年》，内部资料，2014 年版，第 9 页。

图 1-12：厦门市集美区地方志编纂委员会编：《厦门市集美区志》，中华书局 2013 年版，第 695 页。

图 1-13：厦门市集美区地方志编纂委员会编：《厦门市集美区志》，中华书局 2013 年版，第 699 页。

图 1-14：华侨博物馆编：《南侨机工》，文物出版社 2005 年版，第 108 页。

图 1-15：中共福建省委《福建革命史画集》编辑委员会编：《福建革命史画集》，福建人民出版社 1982 年版，第 286 页。

图 1-16：中共福建省委《福建革命史画集》编辑委员会编：《福建革命史画集》，福建人民出版社 1982 年版，第 286 页。

图 1-17：中国人民抗日战争纪念馆、中华全国归国华侨联合会文化交流部编：《华侨与抗日战争》，中国华侨出版社 2006 年版，第 106 页。

图 1-18：中国新闻社福建分社、福建省爱国主义教育基地研究会、中国人民抗日战争纪念馆、中国闽台缘博物馆编：《闽台抗战风云》，海潮摄影艺术出版社 2005 年版，第 158 页。

图 1-19：中国人民抗日战争纪念馆、中华全国归国华侨联合会文化交流部编：《华侨与抗日战争》，中国华侨出版社 2006 年版，第 106 页。

图 1-20：林少川：《陈嘉庚与南侨机工》，中国华侨出版社 1994 年版，图

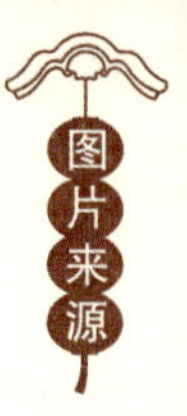

片集第 27 页。

图 1-21：厦门市集美区地方志编纂委员会编：《厦门市集美区志》，中华书局 2013 年版，第 703 页。

图 1-22：厦门市集美区地方志编纂委员会编：《厦门市集美区志》，中华书局 2013 年版，第 732 页。

图 1-23：游德馨主编：《陈嘉庚先生诞辰一百二十周年纪念册》，内部资料，1994 年版，第 3 页。

图 1-24：游德馨主编：《陈嘉庚先生诞辰一百二十周年纪念册》，内部资料，1994 年版，第 5 页。

图 1-25：中共厦门市委组织部、中共厦门市委宣传部、中共厦门市委党史办、厦门市民政局、厦门市档案馆编：《厦门党史画册》，鹭江出版社 1991 年版，第 150 页。

图 1-26：陈厥祥：《集美志》，香港侨光印务有限公司 1963 年版，第 153 页。

图 1-27：厦门市集美区地方志编纂委员会编：《厦门市集美区志》，中华书局 2013 年版，第 732 页。

图 1-28：厦门市集美区地方志编纂委员会编：《厦门市集美区志》，中华书局 2013 年版，第 729 页。

图 1-29：厦门市集美区地方志编纂委员会编：《厦门市集美区志》，中华书局 2013 年版，第 735 页。

图 1-30：厦门市集美区地方志编纂委员会编：《厦门市集美区志》，中华书局 2013 年版，第 740 页。

图 1-31：厦门市集美区地方志编纂委员会编：《厦门市集美区志》，中华书局 2013 年版，第 738 页。

图 1-32：陈永健主编：《集美区侨联志》，厦门市集美区归国华侨联合会 2008 年编印，第 28 页。

第二章　华侨文化的历史记忆

图 2-1：厦门市集美区地方志编纂委员会编：《厦门市集美区志》，中华书局 2013 年版，第 143 页。

图 2-2：泉州市归国华侨联合会、泉州市档案馆、泉州学研究会编：《回望闽南侨批》，华艺出版社 2009 年版，第 69 页。

图 2-3：泉州市归国华侨联合会、泉州市档案馆、泉州学研究会编：《回望闽南侨批》，华艺出版社 2009 年版，第 155 页。

图 2-4：《顾家赡养》，福建网上侨批展厅，http://www.fj-archives.org.cn/wszt/zhanting23/qianyan124/sub-gjsy.html，访问时间 :2019 年 12 月 6 日。

图 2-5：《南侨抗日永记忆　教育子女当勉力》，《福建侨报》2015 年 8 月 21 日，第 5 版。

图 2-6：中国人民抗日战争纪念馆、中华全国归国华侨联合会文化交流部编：《华侨与抗日战争》，中国华侨出版社 2006 年版，第 86 页。

图 2-7：中国人民抗日战争纪念馆、中华全国归国华侨联合会文化交流部编：《华侨与抗日战争》，中国华侨出版社 2006 年版，第 231 页。

图 2-8：（明）郑若曾：《筹海图编》，明嘉靖四十一年刊本，第 288 页。

图 2-9：（明）郑若曾：《筹海图编》，明嘉靖四十一年刊本，第 296 页。

图 2-10：王冠倬编：《中国古船图谱》，三联书店出版社 2000 年版，第 13 页。

图 2-11：王冠倬编：《中国古船图谱》，三联书店出版社 2000 年版。

图 2-12：吴吉堂主编：《杏林史话》，鹭江出版社 2011 年版，第 159 页。

图 2-13：吴吉堂主编：《杏林史话》，鹭江出版社 2011 年版，第 159 页。

图 2-14：吴吉堂主编：《杏林史话》，鹭江出版社 2011 年版，第 163 页。

图 2-15：李玉清主编：《杏林记忆》，河海大学出版社 2016 年版，第 163 页，林火荣摄。

图 2-16：李玉清主编：《杏林记忆》，河海大学出版社 2016 年版，第 228 页，林火荣摄。

图 2-17：厦门市集美区地方志编纂委员会编：《厦门市集美区志》，中华书局 2013 年版，第 607 页。

第三章　华侨文化与“一带一路”建设

图 3-1：厦门市集美区档案局编：《百年学村跨越美》，厦门音像出版有限公司 2013 年版，第 61 页。

图 3-2：厦门市集美区档案局编：《百年学村跨越美》，厦门音像出版有限公司 2013 年版，第 61 页。

图 3-3：《邮票上的“一带一路”》，光明网 http://epaper.gmw.cn/gmrb/html/2017-05/12/nw.D110000gmrb_20170512_4-16.htm，访问时间：2019 年 12 月 8 日

图 3-4：闽台经济文化交往促进会编：《世纪之光：福建百年历史图录》，台海出版社 1998 年版，第 173 页。

图 3-5：李玉清主编：《集美寻珍 13——聚变中的庆典》，厦门市集美区档案局 2018 年编印，第 187~188 页。

图 3-6：《第二届嘉庚论坛共话新时代弘扬嘉庚精神》，中华全国归国华侨联合会官网，http://www.chinaql.org/n1/2018/1023/c419643-30357697.html，访问时间：2019 年 12 月 8 日。

图 3-7：李玉清主编：《集美寻珍 13——聚变中的庆典》，厦门市集美区档案局 2018 年编印，第 209 页。

图 3-8：刘文龙主编：《集美印象》，海潮摄影艺术出版社 2009 年版，第 106 页。

图 3-9：《圆梦百年——陈嘉庚创办集美学校 100 周年纪念册》编委会编：《圆梦百年——陈嘉庚创办集美学校 100 周年纪念册》，内部资料，2013 年版，第 21~22 页。